智能制造企业实时成本控制方法、模型与评价

潘玉香 著

天 津

图书在版编目(CIP)数据

智能制造企业实时成本控制方法、模型与评价 / 潘玉香著. -- 天津：南开大学出版社，2025.6. -- ISBN 978-7-310-06744-2

Ⅰ.F407.406.72

中国国家版本馆CIP数据核字第202573Z15N号

版权所有　侵权必究

智能制造企业实时成本控制方法、模型与评价
ZHINENG ZHIZAO QIYE SHISHI CHENGBEN KONGZHI FANGFA、MOXING YU PINGJIA

南开大学出版社出版发行
出版人：王　康
地址：天津市南开区卫津路94号　　邮政编码：300071
营销部电话：(022)23508339　　营销部传真：(022)23508542
https://nkup.nankai.edu.cn

天津午阳印刷股份有限公司印刷　全国各地新华书店经销
2025年6月第1版　2025年10月第1次印刷
260×185毫米　16开本　9.25印张　202千字
定价：48.00元

如遇图书印装质量问题，请与本社营销部联系调换，电话：(022)23508339

前　言

在 21 世纪的科技浪潮中，智能制造已经成为全球制造业转型升级的重要方向。这一趋势不仅改变了传统制造业的生产模式，而且对企业管理，尤其是成本控制提出了新的挑战和要求。在这样的背景下，《智能制造企业实时成本控制方法、模型与评价》一书旨在为智能制造企业在实时成本控制方面提供全面、深入的理论指导与实践参考。

智能制造的核心在于通过高度自动化、智能化的生产设备与系统，实现生产经营过程的灵活、高效与高质量。然而，这种新型制造模式在带来生产效率显著提升的同时，也带来了成本控制的新问题。由于生产过程的复杂性和不确定性增加，以及数据量的急剧膨胀，传统成本控制方法往往难以满足智能制造企业的需求。当今制造企业与传统的制造业相比，在内外部环境上都发生了深刻变化。复杂多变的市场外部发展环境，不仅使企业间的竞争日趋激烈，还需要企业能保证满足客户在个性化、差异化、地域化和全球化方面的需求。同样，对比现在与过去企业内部的产品制造环境，也在多方面都发生了深刻变化。成本是企业制胜的关键因素，随着时代变迁，企业需要改变原有静态的成本控制，构建动态实时成本控制，这有利于对产品成本信息及全程成本费用的及时、精准和全面的监控和追溯。因此，实时成本控制不仅能够帮助企业及时、准确地掌握成本动态，从而作出更科学的决策，还能够通过优化资源配置、减少浪费、提高生产效率等手段，有效降低生产成本，提升企业的盈利能力和市场竞争力。

借助于管理创新和技术创新方法与工具，本书对智能制造企业实时成本控制方法、模型和评价主要进行了以下研究：首先，本书通过对制造企业实地考察、问卷调研和大量文献梳理发现，目前仍有部分智能制造企业的成本核算与控制方法采用的是传统方法。然而，在拥有先进技术和设备的现代制造企业中，成本核算所依存的环境发生了巨变，传统成本理论伴随知识经济的发展而面临着新的挑战，显露出成本"黑箱"问题、传统成本核算体系不能实时地反映产品成本相关信息问题等，这些问题可能贻误企业经营决策计划和时机。因此，企业需要引入符合时代的成本控制的新思想和新方法。其次，通过大量理论研究和实地考察，深入探讨了智能制造企业信息技术的应用、"两化融合"以及企业管理的基础。调查研究发现，精益生产（LP）为智能制造企业的高质量发展夯实了基础；同时还发现作业成本/作业成本管理法（ABCM）在智能制造企业得到了大量应用。因此，有效融合现代信息技术、管理技术和成本控制技术，充分发挥各自的优点及其整合优势，能够有效解决上述成本问题和困境。为此，本书构建了基于 LP+IT+ABCM 集成的实时成本控制基本理论框架模型、成本核算与分析模型。再次，本书将"理论-方法和模型-评价"融为一体，通过案例分析实证研究，验证了上述模型的有效性，并且通过多目标规划设计模型和数据包络分析模型对案例企业进行了评价，为智能制造企业动态实时成本控制提供了科学依据。最后，本书以 TJGG 公司、TG 公司和 SX 公司三家公司为例，研究了制造企业实时成本控制在实际企业应用中的情况及问题，并提出了 LP+IT+ABCM 集成的成本控制模型适用条件和相应的对策建议，以期能够丰富和完善成本理论体系，更好地促进成本管理理论的完善和发展。

本书为智能制造企业提供了一套科学、高效、实用的实时成本控制方法、策略与管理工具，帮助企业提升实时成本控制能力，降低生产成本，提高经济效益和市场竞争力。同时，本书的研究成果也将为相关领域的研究人员提供有价值的参考与启示，推动智能制造企业成本管理理论的深入发展与实践应用的不断创新。

该研究成果得到天津市哲学社会科学规划资助项目《智能制造驱动企业成本管控创新的机理与路径研究》（TIGL19-020）的资助。感谢天津大学齐二石教授为本书倾注的大量心血；感谢本书编写过程中各位朋友的热诚帮助和指导；特别向热情为本书提出各种宝贵建议的各位专家、学者表示诚挚的谢意；感谢赵秋红、安丹、董彬偲、王莹、邱奕然、徐丹、李灿灿、郭世伟参与案例的研发，以及他们为本书编著过程提供的辅助性工作；感谢南开大学出版社在本书出版工作中的大力支持！

该研究成果是作者多年来从事财会研究和社会实践的结晶，同时也借鉴了诸多专家学者的宝贵经验和研究成果，在此表示真挚的感谢。由于作者水平有限，书中难免存在缺点和错误，敬请读者批评指正，特望与同行专家相互切磋、不吝赐教。

潘玉香

2024 年 10 月 30 日

目 录

第1章 绪 论 ··· 1
1.1 研究背景、目的和意义 ·· 1
1.2 核心概念的界定 ··· 7
1.3 相关理论与方法基础 ·· 10
1.4 研究基本思路、主要内容和研究方法 ··· 23
1.5 研究创新 ··· 26

第2章 文献综述 ·· 28
2.1 成本控制方法和模型研究 ·· 28
2.2 精益生产研究与应用实践 ·· 32
2.3 ABCM 理论研究与应用实践 ·· 33
2.4 基于 LP+IT+ABCM 相融合的成本控制 ····································· 37
2.5 智能制造与成本管理 ·· 40
2.6 研究评述 ··· 41
2.7 本章小结 ··· 42

第3章 智能制造企业实时成本控制实施现状与问题 ······························ 44
3.1 实时成本控制实施现状问卷调研 ··· 44
3.2 "两化融合"对成本管控影响的实证研究 ····································· 51
3.3 制造企业生产过程实时成本控制问题及其分析 ····························· 59
3.4 本章小结 ··· 62

第4章 智能制造企业实时成本控制机理及其框架模型研究 ····················· 63
4.1 智能制造企业生产过程实时成本控制机理分析 ····························· 63
4.2 基于 LP+IT+ABCM 集成的实时成本控制框架模型的构建 ············· 68
4.3 应用 ABCM 在成本控制方法上的可行性和应用价值实证研究 ········· 77
4.4 本章小结 ··· 84

第5章 智能制造企业实时成本核算与控制方法选择与模型研究 ··············· 85
5.1 智能制造企业生产过程实时成本核算与控制方法的选择 ················· 85
5.2 基于实时成本控制的作业成本核算及成本差异模型研究 ················· 91
5.3 本章小结 ··· 96

第6章 智能制造企业实时成本优化设计模型与评价——以 TJGG 为例 ······ 97
6.1 钢铁企业传统成本管理方法存在的问题 ······································ 98
6.2 精益生产成本管理在钢铁企业应用的特点和优势 ·························· 99
6.3 TJGG 公司实施精益成本优化设计控制成本的主要内容和运行模式 ········ 101

6.4 TJGG 公司精益成本管理实践研究 ·· 103
6.5 钢铁企业实施精益生产成本优化控制策略 ····································· 109
6.6 本章小结 ··· 110

第 7 章 智能制造企业实时库存管理优化设计模型与效果评价——以 TG 公司为例 ····· 111
7.1 库存管理问题分析 ··· 111
7.2 多目标规划进行库存优化的机理分析和模型构建 ··························· 113
7.3 库存管理优化效果评价 ··· 116
7.4 本章小结 ··· 117

第 8 章 智能制造企业实时生产过程成本核算、成本控制模型与评价——以 SX 为例 ··· 118
8.1 SX 公司实时成本控制案例分析 ·· 118
8.2 SX 机加工车间实时成本控制方案设计 ······································ 121
8.3 SX 公司机加工车间实时成本控制应用 ······································ 124
8.4 本章小结 ··· 135

第 9 章 总结与展望 ··· 137
9.1 研究结论 ··· 137
9.2 研究展望 ··· 138

附 录 ··· 139

第1章 绪 论

1.1 研究背景、目的和意义

1.1.1 研究背景

制造业是国民经济的支柱产业，是立国之本、兴国之器、强国之基。德国"工业 4.0"战略、美国通用电气（GE）"工业互联网"理念与中国的"两化融合""智能制造"政策的协同推进，对工业企业产生了前所未有的影响，为企业在新一轮工业革命浪潮中的转型升级指明了战略发展方向。各个行业方向重点基本都是"信息化""数字化""网络化"和"智能化"。然而，虽然看上去各个行业具有相同的目标指向，但由于制造企业有不同的基础和环境，在实践中的实施途径自然不同。

在全球化竞争日益激烈的今天，智能制造企业面临着前所未有的成本压力和效率挑战。实时成本控制作为智能制造企业提升竞争力的关键手段，其重要性不言而喻。首先，实时成本控制可以帮助企业精确掌握生产成本，及时发现并纠正生产过程中的浪费现象，从而提高企业的资源利用效率。例如，通过实时监控设备利用率、工时、原材料消耗等数据，企业可以迅速调整生产计划，避免因过度生产或库存积压导致的成本浪费。其次，实时成本控制有助于企业适应快速变化的市场环境。在智能制造时代，市场需求和原材料价格等因素经常发生变化，企业需要及时调整生产策略和采购计划以应对这些变化。再次，实时成本控制系统能够为企业提供实时的成本数据和分析结果，帮助企业快速作出决策，降低经营风险。最后，实时成本控制还可以提升企业的管理水平和决策效率。通过实时监控和分析成本数据，企业可以更加精确地了解生产过程中的成本构成和变化趋势，为管理层提供更加科学、准确的决策支持。

尽管实时成本控制对智能制造企业具有重要意义，但在实际实施过程中，企业仍面临着一系列挑战。首先，数据采集与整合是实时成本控制的基础，但不同设备和系统之间的数据格式和协议存在差异，导致数据采集与整合难度较大。例如，一些老旧设备可能不支持实时数据采集功能，需要进行升级改造；同时，不同系统之间的数据共享和交换也存在技术障碍。其次，实时成本控制对数据处理与分析能力要求较高。智能制造企业生产过程中产生的大量数据需要进行实时处理和分析，以提取有用的信息支持决策。然而，许多企业的数据处理与分析能力尚不能满足这一需求，导致实时成本控制的效果受限。此外，系统集成与协同也是实时成本控制面临的挑战之一。实时成本控制系统需要与企业现有的 ERP（Enterprise Resource Planning，企业资源计划系统）、MES（Manufacturing Execution System，制造执行系统）等系统集成，实现数据共享和流程协同。但不同系统之间的集成和协同往往存在技术和管理上的难题，需要企业投入大量资源和精力进行解决。

随着数据时代各项信息处理技术的迭代，实时成本控制势必对智能制造企业未来发展带来深远的影响。首先，实时成本控制将推动智能制造企业向更加精细化、智能化的方向发展。通过实时监控和分析成本数据，企业可以更加精确地了解生产过程中的成本构成和变化趋势，为优化生产流程和提升生产效率提供有力支持。这将有助于企业实现更加精细化的生产管理和成本控制。其次，实时成本控制将提升智能制造企业的市场竞争力。在全球化竞争日益激烈的今天，成本控制是企业提升竞争力的关键手段之一。通过实现实时成本控制，智能制造企业可以更加精确地掌握生产成本，及时发现并纠正生产过程中的浪费现象，从而提高企业的资源利用效率和市场竞争力。最后，实时成本控制将促进智能制造企业向绿色制造方向发展。通过实时监控和分析成本数据，企业可以更加精确地了解生产过程中的能源消耗和废弃物排放情况，并采取相应的措施进行改进。这将有助于企业实现节能减排、降低环境成本的目标，推动智能制造企业向更加绿色、可持续的方向发展。

在企业生产经营管理过程中，有一个重要的方法就是实时控制和调控成本。成本控制不是一个狭义上的算账的问题，而是一个过程控制的问题，它利用信息技术和相关指标体系，在调控过程中，不断地科学化和合理化地控制成本，再进一步在制造过程中提高效益。日本河田信教授就是通过对丰田生产经营管理活动的研究，设计构筑了丰田系统和成本管理会计系统，提高了整个企业的管理技术水平。[①]企业通过信息技术对制造企业生产、经营和管理等的深度融合，优化制造企业业务流程，促使企业向综合集成应用转变，通过信息化有效降低企业生产经营成本。

美国弗雷德里克·泰勒作为科学管理理论的代表人物，创立了标准成本控制制度。作为科学管理理论的主要倡导者，泰勒提出的生产成本控制学说为众多企业提高自身管理水平提供了重要而坚实的理论基础。[②]

英国古典经济学家亚当·斯密极其重视成本控制的作用，他认为资本会因为节约而增加，也会因为不合理的消费与决策失误而减少。

美国管理大师彼得·德鲁克也提出过一句非常经典的话：在企业内部，只有成本。可见，提高企业竞争力最紧迫、最核心的关键就是要树立全方位的成本管理理念和成本控制意识，加强成本控制与管理。

制造企业以产品成本为对象开展成本控制的做法构成了经典成本理论的起源。艾伦·穆拉利使用成本控制战略拯救福特公司是制造业领域中的经典案例。所以，从制造企业的角度来探讨实时成本控制，不仅能提高各类制造企业的成本控制能力和工作效率，还能为其他类型企业和行业的生产和发展提供积极的参考和借鉴作用，同时也是对经典

---

① 河田信. 回归原点：丰田方式的管理会计[M]. 赵立城，译. 北京：机械工业出版社，2012：141-144.
② Mclean T, Tyson T. Standard Costs, Standard Costing and the Introduction of Scientific Management and New Technology into the Post-Second World War Sunderland Shipbuilding Industry [J]. Accounting, Business & Financial History, 2006, 16(3): 389-417.

成本控制理论的创新和优化。

我国财政部发布了《管理会计基本指引》(以下简称《基本指引》),自2016年6月22日起施行。《基本指引》就是运用管理会计工具,参与企业各项管理活动并为企业战略规划提供有用信息。成本控制作为管理会计的主要内容,它不仅可节约成本,而且可将企业的资源用到最合理的地方。

成本控制是管理会计理论与方法的重要组成部分。面对复杂多变的市场,不仅要保持和外部市场运行环境的良好互动,还要采取科学合理、有效的实时成本控制手段。这不仅是企业面对国内外竞争形势的需要,也是探索创新成本控制理论和实施方法的内在需要。①成本控制要求企业在生产经营过程中能持续地对发生的材料、工资、各种间接费用等进行计算、分析、评估和监督控制,这正是帮助企业发现自身问题,挖掘企业内部管理潜力的过程。在成本控制管理中,企业要制定能适于全员参与、全方位、全过程控制的管理原则和制度,以保障生产过程中的成本效益和利润最大化。

随着经济全球化趋势的不断加剧和国际竞争的日益激烈,市场不仅对制造业提出的快速设计与制造、快速检测与响应等方面的需求日益增多,还要面临材料和人力资源成本的持续攀升的压力,同时与欧美、日本等发达国家的企业相比,在诸多方面均存在一定的差距,可以说我国企业正在面对复杂的国际环境的考验。②

我国学者黄毅敏、齐二石对我国制造业的发展环境进行了分析,而后提出目前国内已经有越来越多的制造企业意识到市场运行环境的改变。随着国际市场竞争压力的增大,人工成本、原料成本等各种成本费用都呈现持续上升的趋势。③如图1-1所示,制造业工资水平的增长快于劳动生产率的增长。同时,黄卓等研究发现,智能制造主要通过"互补效应"引致人力资本升级,进而提升企业劳动收入份额,且该效应在劳动密集型、法治水平较完善和劳动力错配程度低地区的企业中更为明显。④

研究发现,由于现代信息技术和管理技术支持的不到位及其成本信息的不对称,目前制造企业成本管控面临一系列的困境:第一,成本核算不精确、不及时,难以实时获得业务执行中的成本数据,数据的时效性差,无法及时满足管理者的决策需求。第二,成本控制更多是事后控制,没有多维成本结构,定额老化,成本核算与控制效率低下,成本执行结果缺乏分析监控工具。第三,成本管理与控制方法沿用着传统的成本核算与控制的方法,这种现象在制造企业表现得更加明显。第四,企业要进行信息化管理建设和改造的条件还相对有限,实施信息化建设的成本依然较高。⑤所以,除一些基本的会计

---

① 宋献中,胡玉明. 管理会计[M]. 北京:北京大学出版社,2006:11-14.
② 孙武军,陈宏民,陈梅. 基于网络外部性的市场结构动态演化分析[J]. 管理科学,2006(1):66-71.
③ 黄毅敏,齐二石. 工业工程视角下中国制造业发展困境与路径[J]. 科学学与科学技术管理,2015(4):85-94.
④ 黄卓,陶云清,刘兆达,等. 智能制造、人力资本升级与企业劳动收入份额[J]. 经济学(季刊),2024,24(05):1412-1427.
⑤ Penno, M. Asymmetry of pre decision information and managerial accounting. Journal of Accounting Research, 1984: 177-191.

核算软件外，依托大规模数据库实现成本控制的系统仍较为少见，如图 1-2 所示。①②在这种环境背景下，现代企业的成本战略必须由使用原始方法单纯地降低成本向科学化地控制成本方向转型。③

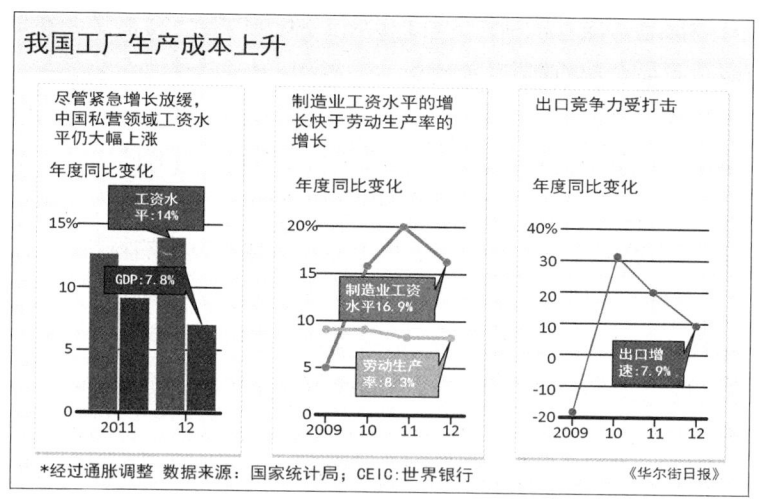

图 1-1　我国企业生产成本——工资水平上升的趋势

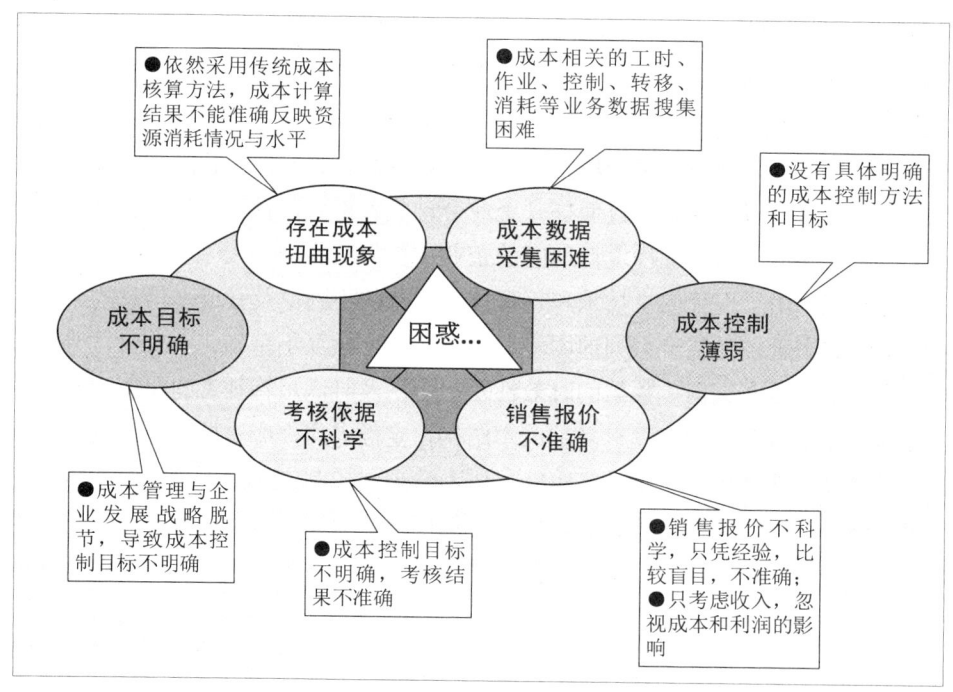

图 1-2　我国企业成本控制面临的困境

---

① Benjaoran V. A cost control system development: A collaborative approach for small and medium-sized contractors [J]. International Journal of Project Management, 2009, 27(3): 270-277.
② 杰罗尔德·L. 齐默尔曼. 决策与控制会计[M]. 陈晖丽, 译. 大连：东北财经大学出版社，2012：4-8.
③ 戴维·P. 道尔. 战略成本控制[M]. 刘俊勇, 译. 北京：中国人民大学出版社，2013：1-8.

信息技术飞速发展，尤其是企业资源计划系统（ERP）、制造执行系统（MES）的应用，提高了企业核算成本和实时成本信息的质量，这极大地促进了成本标准的制定，提升了成本控制活动效率。①

现代化的管理方式要求管理者实时把握企业的财务运作情况，将财务成本信息作为企业战略决策中的一项重要信息。企业只有根据财务成本信息迅速作出正确管理决策，才能在复杂多变的市场竞争环境中获得有利地位。②成本信息的价值如图1-3所示。

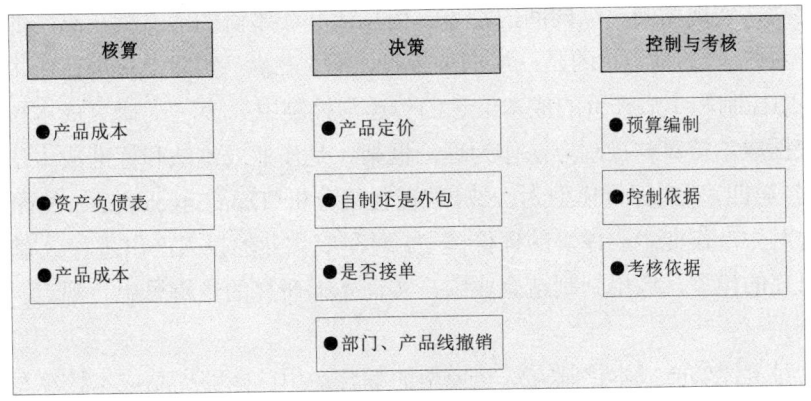

图1-3 成本信息的价值

随着人工智能等新一代信息技术的广泛应用，时间作为决策的一项重要要素被纳入新型控制理论，从而使得会计实时控制观受到关注。③④⑤本书提出了一种适合制造业生产过程的实时成本控制模型。该模型在互联网、大数据的环境下，在信息技术和现代管理技术的推动下，使得企业实时成本控制从产品的设计、论证开始，从业务前端实时获取成本基础数据，支持成本事前模拟、事中实时监控、事后考核评价的闭环控制，把企业的经济效益和成本控制、技术进步紧密有机地结合起来，从产品的生产源头开始遏制成本浪费，保障实现生产过程成本控制的实施，全方位、多维度与全员参与，谋求在最佳成本管理状态下，为企业战略和运营决策提供支撑，驱动企业利润可持续增长。

综上所述，智能制造企业实时成本控制的研究背景分析表明，实时成本控制对智能制造企业具有重要意义。尽管在实施过程中面临着一系列挑战，但通过引入先进的技术手段和管理方法，智能制造企业可以成功实现实时成本控制并取得显著成效。未来，实时成本控制势必将推动智能制造企业向更加精细化、智能化和绿色化的方向发展。

1.1.2 研究目的

本书的研究目的在于分析实时成本控制系统要素、功能结构和模型，结合"LP+IT"

---

① 齐二石，宋立夫. 工业工程与制造业信息化——IE+IT[M]. 北京：机械工业出版社，2011：189-197.
② 罗伯特·S. 卡普兰，安东尼·A. 阿特金森. 高级管理会计[M]. 吕长江，译. 大连：东北财经大学出版社，2012：3-9.
③ 文勇. 基于管理信息化环境的企业会计实时控制研究[J]. 财会通讯，2011（11）：124-126.
④ 阎达五，张瑞君. 会计控制新论——会计实时控制研究[J]. 会计研究，2003（4）：3-8.
⑤ 冯巧根. 管理会计的时间评价与应用[J]. 会计研究，2007（11）：66-72.

管理技术和信息技术提高企业生产力和竞争力的创新理念，构建基于"LP+IT+ABCM"融合的实时成本控制模型，丰富成本控制的理论和方法体系。①

以此作为研究思路，将企业在生产经营过程中运用的实时成本控制思想渗透到研究成本控制的各个环节。第一，本书根据智能制造企业"两化融合"问卷调研，构建了灰色优势模型，研究"两化融合"对制造企业成本管控的影响程度。第二，本书研究理论框架模型为：基于智能制造企业整体运营管理、生产过程运作管理和作业实时监控管理的三个层次，实现横向、纵向间的物流、信息流和成本流的"三横三纵"的信息相互传递的循环系统（"三横"指的是三层框架模型，而"三纵"实际上体现在成本控制的事前模拟、事中控制和事后评价的成本信息的传递与控制中）。第三，研究成本核算与分析模型为：依据成本核算与控制方法作为理论框架，是作业成本法和标准成本法结合运用的理论依据。第四，研究评价模型为：通过数据包络分析（Data Envelopment Analysis，DEA），推导符合对生产作业中心评价的评价模型，对车间作业的投入产出进行效率评价。第五，把上述研究的模型，应用到制造企业中，实证本书研究的逻辑思想、观点、方法和模型的有效性。

通过对上述实时成本控制方法和模型的综合运用，能够提高成本核算与控制的效率与精准度，解决生产过程中出现的"黑箱问题"，为研究成本控制理论提供新的研究视角，为提高制造企业实时成本质量和效率、防止资源的浪费提供科学依据和解决方案。

1.1.3 研究意义

数字化时代，提高企业资金利用率的重要手段之一就是成本控制。实时正确地取得成本核算的相关信息，并有效地进行成本控制，已经成为制造企业制胜的关键。

1. 理论意义

本书结合信息论、系统论、现代成本控制理论、精益管理理论及运筹学等现代科学理论和方法进行科学研究。在制造企业管理控制中采用实时成本控制的这一模式，改变了传统的成本核算、费用的分摊和静态的弊端，把精益生产理念、智能信息技术、过程控制和先进的作业成本法应用到了企业实时成本控制模型当中，同时把实时思想融入了成本控制中，并研究构建以精益生产（LP）为生产流程优化方法，智能信息化为获取实时信息手段，作业成本法（ABC）为成本核算核心的实时成本控制模型，为创新成本控制理论提供新的研究视角。因此本书研究具有较强的理论意义。

2. 实践意义

将成本控制的相关理论和方法引进智能制造企业的生产经营环节和过程中，能够为企业的各项管理活动在基础信息收集、管理控制手段、评估评价方法等方面提供一定的实践指导，从而帮助企业进行决策，改进现行管理弊端和提高效益。第一，体现在控制生产过程方面，企业的各项经济活动能够根据事先预测的成本轨迹进行，在实施过程中及时修正各环节出现的成本偏差。第二，有助于推动企业从粗放式管理向集约式和精细

---

① 齐二石. 精益生产提高竞争力[J]. 每周电脑报，2008（19）：6-16.

化的管理转变，改进工作流程，合理并有效利用企业资源，提升企业的自身价值。第三，体现在企业的生产经营决策上，融合了统计学、会计学、运筹学等各种可操作的技术方法，来诠释企业的经济发展和活动，并能够揭示其内在各要素之间的关系以及最优的数量关联关系，帮助企业管理者科学有效地预测今后的企业生产经营管理趋势，对未来的研发成本、生产成本、销售成本和利润的变动等进行科学判断，帮助企业进行合理经营决策。第四，本书主要选取了钢铁制造企业及其装配制造企业作为案例分析的对象，分析研究智能制造中成本管理存在的问题及原因，深入探究企业在智能制造背景下，如何有效进行成本管理与控制，提出解决措施，寻找成本控制的新技术和新思路，从而减少资源浪费，降低企业的产品成本，促进企业健康持续发展，同时为推动传统制造业的智能制造应用提供解决方案，并对解决方案的实施提供建设性意见，帮助制造企业打破传统成本管理的局限，促进其转型升级。

1.2 核心概念的界定

1.2.1 智能制造

智能制造（Intelligent Manufacturing，简称 IM）是一种由智能机器和人类专家共同组成的人机一体化智能系统，它在制造过程中能进行诸如分析、推理、判断、构思和决策等智能活动。通过人与智能机器的合作共事，扩大和延伸了部分人类专家在制造过程中的脑力劳动范围。智能制造源于对人工智能的研究，并被认为是知识和智力的总和，旨在提高制造业的质量、效益和核心竞争力。以下是关于智能制造的详细解释。

1. 智能制造的定义

根据《智能制造发展规划（2016—2020 年）》，智能制造被定义为基于新一代信息通信技术与先进制造技术深度融合，贯穿于设计、生产、管理、服务等制造活动的各个环节，具有自感知、自学习、自决策、自执行、自适应等功能的新型生产方式。

2. 智能制造的主要特点

智能制造企业利用机器人、自动化设备和智能装备进行生产活动，减少人工干预，提高生产效率和精确度。

（1）智能化。通过人工智能、大数据、云计算等技术实现生产数据的全面采集、分析与决策支持。

（2）网络化。通过物联网技术将生产过程中的设备、物料、产品等信息实时上传，形成智能网络。

（3）个性化定制。生产线具有很高的灵活性，能够快速适应产品变化和市场波动，实现小批量、多品种、定制化的生产模式。

（4）实时监控与优化。通过传感器和控制系统实现设备和系统的自主控制与优化，提高生产效率和产品质量。

3. 智能制造的关键技术

（1）智能决策。基于大量结构化数据，进行多维度的分析和预测，支持企业的智能管理和决策。

（2）智能物流与供应链。应用自动化立体仓库、无人引导小车（AGV）、智能分拣系统等设备和技术，提高物流效率。

（3）智能制造装备。包括机器人、自动化生产线等，具备信息感知、分析规划等智能化功能，能显著提升加工质量。

1.2.2　智能制造企业

智能制造企业是指将信息技术与制造业内部流程深度融合，采用先进的技术手段和管理模式，在生产过程中实现高度自动化、可视化、数据化和智能化的企业。这类企业通过引入智能制造技术，优化生产流程，提高生产效率和产品质量，降低能耗和成本，从而增强市场竞争力。总之，智能制造企业是运用数字化、网络化、智能化技术对传统制造业进行改造升级的新型企业。

智能制造企业的主要特征如下：

①技术先进。采用数字化、网络化、智能化制造技术，实现高度自动化与智能化生产。

②信息化水平高。构建全面完善的信息系统，实现数据的采集、处理、共享与分析。

③产品质量高。以高质量的产品为目标，通过数字化设计、智能化制造等手段提升产品品质。

④技术能力优势显著。具备自主创新、技术研发和产品设计等方面的核心竞争力。

⑤环保节能。注重产品环保和能源节约，实现经济效益和社会效益的双赢。

⑥综合实力强。在管理模式、市场营销和品牌建设等方面具有一定的综合实力，并具备一定的市场竞争力。

⑦注重社会责任。积极推动人才培养、文化建设等方面的责任担当。

1.2.3　实时成本控制

就制造企业发展而言，随着时代的变迁、社会的发展，信息技术的成果已经深入制造企业运行的每个环节。我国已经明确提出制造企业"两化融合"的政策，尤其是大中型制造企业更应重视"两化"的建设。制造业作为国家经济命脉的重要组成部分，高度重视信息通信技术和工业自动化技术在制造企业中广泛应用，制造企业生产经营管理模式的创新和升级已是必然。在此时代背景下，企业实时成本控制与环境互动的发展是大势所趋。

1. 实时

实时指的是事物发生的实际时间，已经成为信息环境下的热词，实时是一种有效的信息处理方式。在信息的有效期内实现信息的采集、处理和应用，不是单纯依靠计算机及网络等技术手段实现的，还需要借助改进企业生产业务流程和采取有效企业管理手段共同协同实现。

2. 实时成本

在传统的成本管理中，没有实时成本这一概念。实时成本是指生产经营活动中成本发生时的实际金额，它与企业的管理、设备、信息化技术等密切相关。制造企业产品的实时成本包括研发设计、原材料采购、原材料及半成品和产成品出入库、制造费用和人工费用、销售费用、产品服务等的实时成本，可以从企业的成本管理系统中采集各个环节的成本信息。

3. 实时成本控制

实时成本控制是指企业在生产经营过程中，通过先进的技术手段和管理方法，对成本发生的时间点和金额进行实时监控和控制的一种成本管理模式。这种模式有助于提高成本信息反馈的频率，降低盲目性，提高项目实现成本目标的可能性。实时成本控制强调在成本发生的同时或近乎同时对其进行监控和管理，以确保将成本控制在预定的目标范围内。这要求企业具备高效的数据采集、处理和分析能力，能够实时获取成本数据并作出相应的决策。

（1）实时成本控制的特点。

①高度实时性。成本数据在成本发生的同时或近乎同时被采集、处理和分析，确保企业能够及时了解成本状况并作出反应。

②数据驱动。依赖大量、实时、准确的数据进行决策，提高了决策的科学性和准确性。

③动态调整。根据实时成本数据，企业可以动态调整生产计划、采购策略等，以实现成本控制目标。

④全面覆盖。实时成本控制应涵盖企业生产经营的各个环节，包括原材料采购、生产制造、销售等，确保全面控制成本。

（2）实时成本控制的方法。

①数据采集与监控。利用物联网、传感器等技术实时采集生产过程中的成本数据，如原材料消耗、能源消耗、人工费用等，并通过监控系统进行实时监控。

②数据处理与分析。运用大数据、云计算等技术对采集到的成本数据进行处理和分析，识别成本超支的环节和原因，为决策提供依据。

③决策支持系统。建立决策支持系统，根据实时成本数据生成决策建议，如调整生产计划、优化采购策略等，帮助企业实现成本控制目标。

④成本控制策略。根据实时成本数据和分析结果，制定具体的成本控制策略，如降低原材料消耗、提高生产效率、优化库存管理等，以降低企业成本。

（3）实时成本控制的优势。

①提高成本控制的精确性。通过实时数据采集和分析，企业可以更精确地掌握成本状况，避免成本超支。

②增强决策的科学性。基于实时数据的决策支持系统可以提高决策的科学性和准确性，帮助企业更好地应对市场变化。

③优化资源配置。实时成本控制有助于企业优化资源配置，提高资源利用效率，减

少资源浪费。

④提升竞争力。通过有效控制成本，企业可以提高产品质量和服务水平，增强市场竞争力。

⑤适应市场变化。在激烈的市场竞争中，市场需求和原材料价格等因素经常发生变化。实时成本控制能够帮助企业快速响应市场变化，调整生产计划和采购策略，降低经营风险。

（4）实时成本控制的发展趋势。

随着信息化、智能化和网络化等新技术的不断发展和应用，实时成本控制将越来越依赖于先进的技术手段和管理方法。未来，实时成本控制将更加注重数据的实时性、准确性和完整性，以及决策支持系统的智能化和个性化。同时，实时成本控制将与其他管理领域如供应链管理、客户关系管理等深度融合，共同推动企业的数字化转型和高质量发展。

综上所述，实时成本控制是一种高效、精确、科学的成本管理模式，有助于企业有效控制成本、提高资源利用效率、增强竞争力。随着技术的不断进步和应用推广，实时成本控制将在更多企业中得到广泛应用并取得显著成效。

1.3 相关理论与方法基础

1.3.1 成本控制理论

1. 成本控制

"成本控制"的思想和实践由来已久，其形成是一个渐进的过程，是随着管理理论和实践的发展逐渐形成的。融合了泰勒的科学管理，爱德华·杨、汉斯·卡尔的成本会计研究都为成本控制奠定了理论基础。而标准成本法的实践则推动了其在企业的广泛应用。

企业成本控制是指在有效时间内，以预先制定的成本管理标准为指导，对产品制造的成本形成过程中发生的各项生产耗费进行统计、核算、分析、监管和控制，并相应地采取一定措施和方法来及时调整纠正脱离标准偏差的一种管理行为。[1][2]

企业成本控制有狭义和广义之分。成本形成过程中的控制属于狭义的成本控制。而贯穿于整个成本管理过程则属于广义的成本控制，也可以叫作全面成本控制，也就是企业在全员化、全方位和全过程的成本控制。由于受篇幅的限制，本书着重研究制造企业成本形成过程中的成本控制。

制造企业生产过程成本控制具有三层含义：第一，对产品标准成本的控制，主要包括成本设计、预测、决策和计划等。第二，对企业产品成本形成过程的监管与控制，包括成本数据采集、成本核算分析与评价等。第三，在上述生产成本控制的基础上进行生

---

[1] 林万祥. 成本会计研究[M]. 北京：机械工业出版社，2008：43-50.
[2] 美国管理行政学院. 成本控制最佳实务[M]. 莫正林，译. 北京：经济科学出版社，2006：1-10.

产总结，从而指导未来调节流程、管理控制、精益改进等企业生产经营系列活动。企业成本控制的意义如图1-4所示。

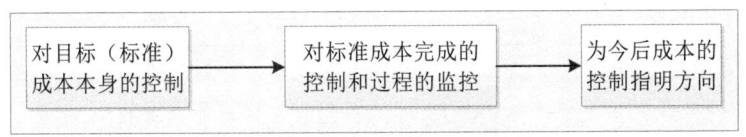

图1-4　企业成本控制的意义

2. 成本控制流程

如何使生产的实际成本达到既定的计划成本或预设标准成本，是企业成本控制的目标。在企业的生产过程管控之前就需要先行确定好合理的成本控制标准。在生产过程中对成本形成过程进行严格监督，能实时发现标准成本和实际成本之间的差距；在产品完工或生产过程中评价成本效益并提出整改策略和措施。根据成本的形成过程，具体流程如下。

（1）事前预测控制。目前大部分制造企业一般都按照订单项目事前进行成本设计，结合目标市场情况，在对大量历史数据进行分析后建立成本预测模型，于成本发生前进行成本控制，企业建立全过程的目标成本体系。在新产品正式投产前，根据技术部门的成本模拟和工艺要求，预测产品的制造成本及其成本构成（或配方），对成本进行预估，销售部门据此预估产品的市场销售价格；在生产任务开始前预测产品的生产制造成本，确定计划成本。

（2）事中过程控制。在成本发生过程中对成本进行控制，实现每个项目任务生产过程中的成本控制，即每个工序的成本控制。实时成本统计时，材料成本按领料过程中的实际用量和实际单价来计算，费用成本按生产订单的投入数量，根据费用的分配方法计算分摊费用。通过对生产订单实时发生的成本进行比对，能实现产品生产成本的事中控制。另外，通过对这些成本发生过程中的因素进行实时跟踪、实时分析和实时监控，可以及时掌握生产动态，实时、准确、有效地为各级部门提供成本控制的有效信息，确保管理人员实时掌握生产现状。

（3）事后分析评价。在成本发生后对实际发生的费用与制定的标准成本进行比较，对导致成本差异化的原因、性质以及差异程度进行分析，掌握企业的现行运营状况和成本的革新改进结果，判断成本差异化产生的责任归属和具体形成原因，并立即采用有效控制成本的各项预案措施，消除浪费，降低成本。成本控制流程模型如图1-5所示。

3. 成本控制的基本原则

（1）确保可控性。对于企业而言，有些成本是随机的、突发的或者是不可控的，不能将这些因素列为成本的控制对象进行管理。所以一定要确认好可控目标和对象，将它们分配至成本控制各级（决策、组织、执行）的主体来承担相应的管理责任。

（2）确保全面性。全方位控制、全过程控制、全员控制贯穿在全面成本控制过程中。全方位控制着重强调，在降低成本的过程中必须要严格保证每一个产品的性能和质量，而不只是简单地把成本降低到指定范围。全过程控制不仅是在生产过程中控制制造成本，而且更是要把这种管理方式贯穿到产品的全生命周期，也就是产品成本形成的整个过程。

全员控制是带动全体员工群策群力、积极踊跃地参与到企业的成本控制活动中来。

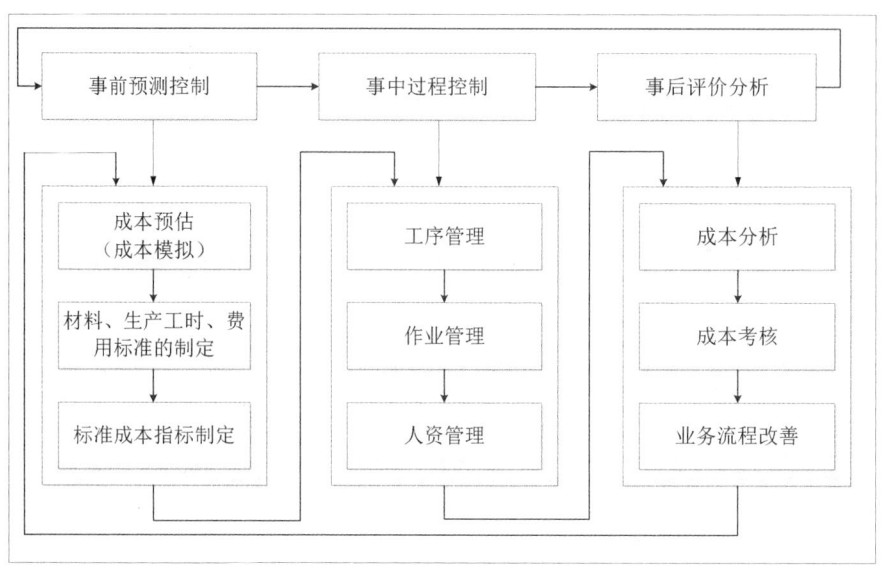

图 1-5　成本控制流程模型

（3）确保成本效益。以成本效益观念作为管理思想是企业的成本管理活动的基本要求。应尽量减少成本付出，创造更多的产品价值，从投入产出和开源节流的数据分析来比照如何更合理正确地进行投入，以保证企业能够获取更多的良好效益。例如从经济学视角对作业成本法进行核算成本的考察，仅仅是提供一定程度上的准确成本信息，要保证信息的绝对准确却很难做到。我们都知道，想要追求成本信息的精确度，就要保证成本动因的精密细致，但这样操作就会导致为作业成本的实现必须付出更高的计量成本。对于不同的企业而言，是否要选择某个成本动因进行管理，首先要衡量其所带来的经济效益质量高低与数量的大小。[①]

（4）确保责权利相结合。在各自的管理权限内，各级成本控制的主体者要对所辖的可控成本进行管控，并对这些成本控制结果负责。企业要组织负责考核评审，并根据考核结果适当地给予一定的奖惩。[②]

（5）确保成本控制与成本核算相结合。在成本的核算过程中，要将标准成本和实际成本进行对比分析，以挖掘标准成本和实际成本存在差异的根本原因。另外，将成本差异信息及时反馈至各管理中枢，可以强化成本控制的实时性，挖掘成本控制的关键点和改进措施，进而帮助企业成本控制效率的提升和效益的提高。[③]

4. 企业成本控制的主要方法工具

对于制造企业而言，从前期的产品设计、物料采购到实际生产、产品销售以及后期

---

① 罗伯特·S. 卡普兰, 罗宾·库珀. 成本与效益[M]. 刘俊勇, 译. 北京: 中国人民大学出版社, 2014: 66-86.
② 查尔斯·T. 亨格瑞, 斯里坎特·M. 达塔尔, 乔治·福斯特, 马达夫·V. 拉詹, 克里斯托弗·伊特纳著. 成本与管理会计[M]. 王立彦, 刘应文, 罗炜, 译. 北京: 中国人民大学出版社, 2011: 3-8.
③ 安东尼·A. 阿特金森, 罗伯特·S. 卡普兰, 埃拉·梅·玛苏姆拉, S. 马克·杨. 管理会计[M]. 刘曙光, 陈静, 译. 北京: 清华大学出版社, 2011: 322-325.

的产品服务全过程中，会产生各项成本费用。所以成本控制是全过程控制，成本管理要贯穿企业全部的经营管理活动。企业常用的管理会计工具都与成本控制方法密切相关，主要的成本管理与控制方法如图1-6所示。

（1）定额成本法。定额成本法是指在生产前期制定产品的费用定额、各类消耗定额和定额成本，按照产品计算实际成本并与定额进行比较，及时将产品成本和生产费用偏离定额的差异进行监督并反映出来，同时将产品成本的计划、管控、核算以及控制分析有机结合，以此来强化成本管理而采用的一种控制手段。

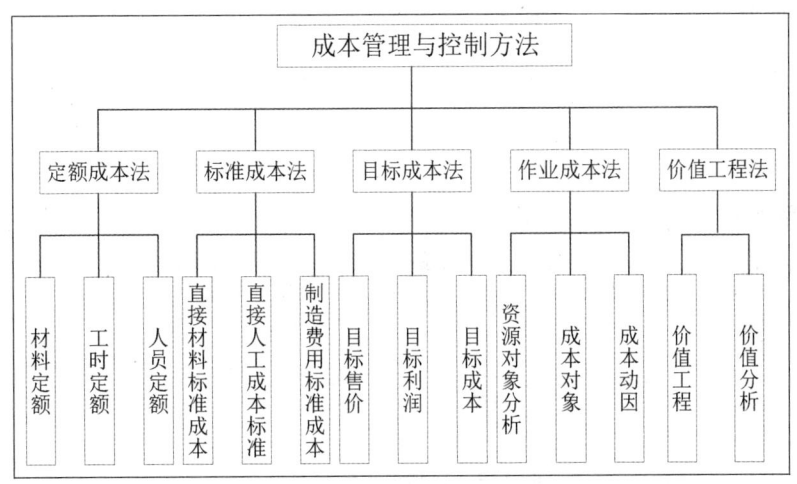

图1-6 成本管理与控制方法

（2）标准成本法。标准成本是指生产行为在高效进行时制造产品的成本，并不是指现实过程中已经发生的成本，该方法实际就是一种将成本控制和标准成本计算相结合的方法。在成本行为发生之前，利用特定的往期资料，做反复测算和全面分析，制定出将来在一定时间段内技术水平、生产规模以及能力等各生产元素均处于正常指标下的标准成本，以此作为成本控制行为的依据。在成本发生过程中，将标准成本和实际成本进行比较，对产生的差异进行记录，采取合理有效的控制和调整，对标准成本与实际成本的差别做出精细且全面的综合分析判断，发现、分析和解决问题，在此基础上制定新的标准成本。标准成本类型如图1-7所示。

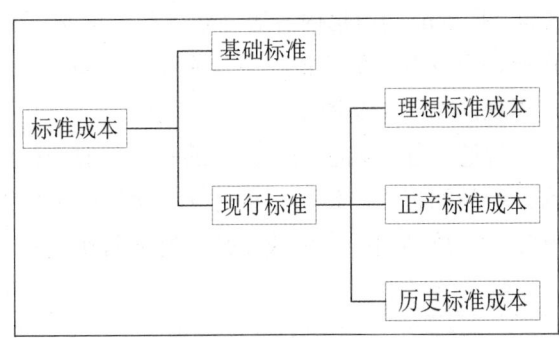

图1-7 标准成本类型

（3）目标成本法。目标成本法是目标管理思想体系在现今成本管理中应用的产物，也是根据预计可实现的扣除目标利润后的销售收入来计算的成本管理方法。目标成本法的特点是以大量的市场调查信息为基础，始终以市场为导向，根据客户现实认可的产品价值、消费价值以及同类竞争者的预期反应，推算在未来的某个时间阶段中市场上的产品目标售价，再扣除掉企业的目标利润，最终计算出目标成本。目标成本法改变了成本管理的原有出发点，将生产现场转移到了产品的设计与规划阶段，以此进行利润计划和成本管理。该方法需要在目标成本实施前对其进行可行性分析，从而对目标成本的可行性做出分析和判断，如图1-8所示。

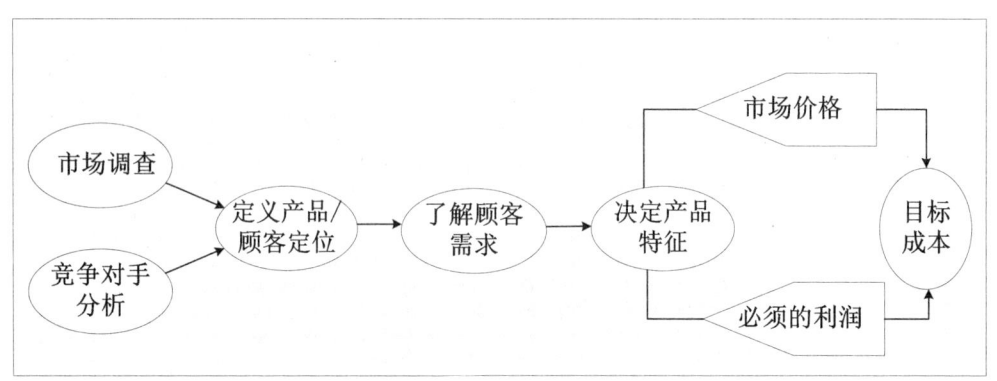

图1-8 目标成本的可行性分析

（4）作业成本法。作业成本法（简称ABC）由作业成本核算和作业成本管理两部分构成。它是以经济、技术和数理统计等其他理论为基础衍生的新型会计核算方法。作业成本管理（简称ABCM），是一种以作业成本法为基础，通过成本分析和成本控制实现科学决策的现代管理方法，依据成本动因理论，对企业自身生产过程中发生的作业、资源消耗、作业链、价值链的联系、产品产出等进行分析，再将成本计算目标的成本消耗合理分配。这一过程就是企业为了改进并完善传统的成本核算方法而运用的一种成本核算与管理制度。作业成本、作业成本管理法（ABCM）在现代制造企业中受到了越来越多的应用和关注。①②

作业成本计算方法彻底改变了传统模式下间接费用分摊的问题，ABCM在解决企业经营、产品组合与决策、提供准确信息内容等问题受到了褒义。在ABCM下也出现了一系列名词：资源、作业、作业链、价值链、成本库和成本动因等。③ABCM具有二维观念：成本分配观和过程观，如图1-9所示。

（5）价值工程法。价值工程是强调功能分析的有组织的一种活动，这个方法调用尽可能低的总成本来实现产品的特性。价值工程之父，美国的劳伦斯·戴罗斯·迈尔斯，在经过大量实践的基础上，总结出一套解决采购问题非常实用的方法，使价值工程很快

---

① 潘飞. 中国管理会计理论与实践[M]. 上海：上海财经大学出版社，2015：29-39.
② 加里·柯金斯. 作业成本管理：完全操作手册[M]. 谭丽丽，译. 北京：经济科学出版社，2006：319-335.
③ 于增彪. 管理会计[M]. 北京：清华大学出版社，2014：64-67.

在全球范围内产生了积极重大的影响。目前,这种方法的思想和应用已经适用到其他领域。日本在 1955 年期间,导入这一管理方法,与本国企业的全面质量管理有机结合,使其发展成为更加方便操作和成熟的价值分析方法。利用价值工程分析方法,可有效识别增值与非增值作业活动,并为产品设计优化提供依据。

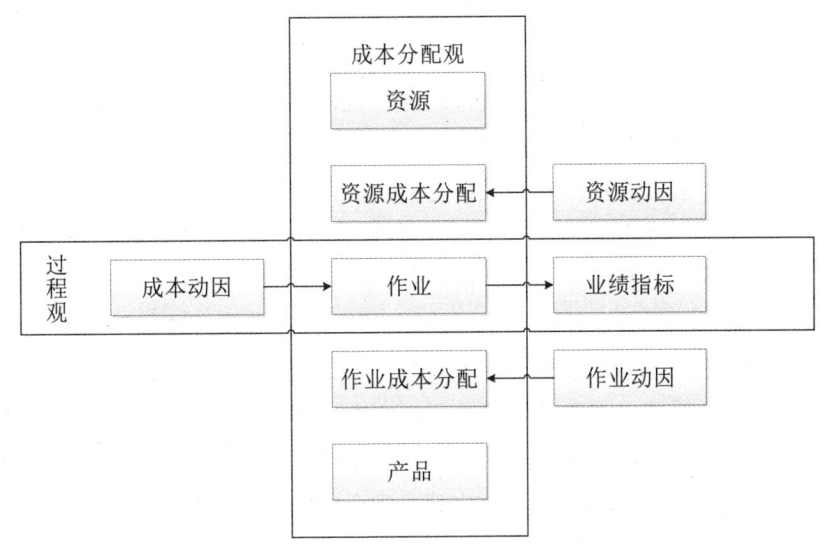

图 1-9 作业成本法二维模型

1.3.2 系统论、控制论和信息论

借鉴和引入其他科学成果以完善成本控制理论和方法,是成本管理发展的重要途径,并且丰富了管理会计的内容。[①]系统论、信息论和控制论(简称"三论")在生产过程成本控制中的应用,无疑使得成本管理向现代化迈进产生了一大飞跃。应用"三论"基本理论,加深对成本控制工作的认识、研究和指导,提高企业成本控制水平具有重大的现实意义。

1. 系统论

20 世纪 40 年代,贝塔朗菲提出了一般系统论,在他的学术专著《一般系统论:基础、发展和应用》中,对一般系统论的定义、使用和方法做了总结。[②]系统自身是有着固定目标的,由两个以上相互依赖和相互作用的要素依照一定的规律组成统一整体。系统主要有以下特点。

(1)相关性。相关性是系统中部分之间、整体和部分之间存在相互制约和相互联系的关系。在生产过程中,各部分和各个环节为单一元素,为了保证总体目标的实现,它们必须进行相互制约和相互联系,从而确保成本控制系统成为一个有机的整体。在各企

---

① Berry A J. Emerging themes in management control: A review of recent literature [J]. British Accounting Review, 2009, 41(1): 2-20.

② 冯·贝塔朗菲. 一般系统论:基础、发展和应用[M]. 林康义,魏宏森,译. 北京:清华大学出版社,1987:5-10.

业，根据不同的管理要求和各自的经营特点，成本控制系统可与 ERP 其他子系统相关，如成本子系统、销售子系统、工资子系统、固定资产子系统等。为了实现总体目标，各子系统之间是紧密相关和数据共享的。

（2）集合性。集合性体现了系统中各个部分构成整体的特性，系统的整体大于各个组成部分的总和。生产成本控制本身在实际生产管理运营中起着重要的整体作用，其具有一般系统的集合特性，可以作为一个完善的管理系统。围绕着总体目标，事先制订合理的生产经营计划，进而调控生产过程。这种控制可以在生产各环节紧密配合、共同管理下更加完善，并通过协助各个管理要素和生产各环节之间的度量得以实现。

（3）最优性。最优性是指要完成特定的功能，成本控制系统需要达到最优级别的成本控制和管理。生产成本控制伴随控制主体持续发生，在对企业资金链条的控制和持续的追踪、控制过程中，对操作手段、信息载体、管理观念和观点等自身的能力和有效性也在持续进行修正和调整，使成本控制达到最佳状态，以取得经营的最大化成效。

（4）动态性。系统自身是一个功能实体，其改进活动是实时性的，不是一成不变的。系统与环境之间、系统内部的各要素之间也存在着关联性，进而相互运动。系统的功能随着时间发生变化，无论是环境的状态，还是系统内部相关要素的功能，都实时发生变化。假如一个企业的生长环境、管理政策、资金保障、设备稼动率等发生了变更，企业的经济效益肯定也会随之发生波动。

（5）层次性。世界上绝大多数系统都有复杂的层次结构。例如，我们刚开始学习计算机系统架构的时候，首先会想到分层的概念。分层架构比较经典的是三层架构模式，那么，什么是三层架构模式呢？它包括表现层（用户界面）、业务层、数据访问层，逻辑上划分为三个层，这就是最基本的三层架构模式。

2. 信息论

信息论研究的开端是 1948 年 10 月刊登在《贝尔系统技术学报》上的研究论文"A Mathematical Theory of Communication"（《通信的数学理论》）。信息的有效收集、分类整理和综合利用对企业优化管理发挥着巨大的积极作用，也在系统的经济管理活动中发挥着决定性的作用。[1]一个系统由若干工作者通过信息紧密连接，有目的、有秩序地运行各自的活动，保证组织者实施正确的组织与协调。外部与整体之间、各个子系统之间信息的收取、传达和反馈都是不可或缺的。[2]相对于成本信息而言，其构成数据之间保持着系统性和连续性，传递的巨大的数据量真实准确，数据之间的函数关系较为复杂，在数据加工提炼方面的要求也较为规范严格，这些特点都保证了其具有高度的可验证性。

3. 控制论

第一部关于控制论的著作是美国数学家诺伯特·维纳的《控制论——关于在动物和机器中控制和通信的科学》，这是控制论诞生的标志，为研究各种控制和通信问题奠定了基础。[3]在罗伯特·N. 安东尼的《管理控制系统》一书中，提出在管理活动中使用控

---

[1] Thomas M.Cover, Joy A.Thomas，信息论基础[M]. 北京：清华大学出版社，2003：1-6.
[2] 叶中行. 信息论基础[M]. 北京：高等教育出版社，2007：1-8.
[3] Ulfo N. The Challenge of Cyberculture [J]. European Journal of Theology, 2008, 17(2):138-143.

论，能够使管理行为按照事先既定方针执行，并能够保持在某种目标状态。[①]信息反馈匮乏就会使系统陷入不稳定状态，有效控制的前提条件是信息准确。反馈控制系统是所有管理系统的核心组成部分，要及时、有效地采取正确的计算方法对信息进行管控。

4. "三论"与智能制造企业生产过程成本控制

智能制造企业的生产成本控制系统应符合控制论、系统论和信息论这"三论"实施的各种要求。生产成本控制系统在管理系统中，自身还是一个重要的信息子系统，具有管理系统所涵盖的全部特征。企业经济管理中，生产成本控制系统占据着重要地位。某种程度上，一个企业的全部成员基本都参与相关生产经营业务数据的产生和提炼过程，而且相互之间也在各自管理范畴内有效利用着成本信息。

上述"三论"的合理应用，能够有效促进成本控制系统在强化各要素间的密切有机联系中提高自身功效、优化系统，适应当前经济发展的需求。我国目前的经济转型处于进一步的深入发展过程，应用"三论"指导成本管理，可以助力制造企业成本控制切实向现代化的成本管理迈进。

1.3.3 精益生产理论

1. 精益生产定义及核心思想

精益生产（Lean Production，简称 LP）是指以精益思想为基础，运用目标成本法，准时化生产（Just In Time，JIT），"拉动式"生产策略，精益六西格玛（Lean Six Sigma，LSS）等现代化管理手段，以市场需求为导向，以以人为本思想为立足点，以持续消除各种浪费为目标，对企业的各种资源进行有效的优化配置，提高企业的经济效益和可控性，打造企业绝对竞争优势的生产方式。[②]

1990 年，麻省理工学院 Daniel. T. Jones 教授等人总结丰田公司经验，撰写了《改变世界的机器》这一经典著作，并将丰田汽车公司的这种生产方式称为精益生产方式，这也是精益生产的概念首次出现。[③][④]

持续消除企业的各种无效劳动和浪费是精益生产的核心思想。在保证质量的前提下，持续降低成本，增强企业的目标控制性和生产灵活性，实现零废品、零浪费、零库存的理想目标。精益生产同时也是一种人文思想，它要求企业把精益思想贯彻到企业组织结构的各个方面，采取小组工作法，使全体员工树立精益生产思维，提高员工的整体素质，责任下放，各司其职，消灭浪费，使企业获得更大的提升空间，确立市场优势地位。

精益生产以客户为中心，力求以最少的资金投入、人力和设备，最短的时间，最小的场地创造出更多的能够满足客户多样化需求的产品。精益生产一改传统生产模式中将

---

① Davila A, Foster G, Oyon D. Accounting and control, Entrepreneurship and Innovation: Venturing into New Research Opportunities [J]. European Accounting Review, 2009, 18(2): 281-311.

② 约翰·德鲁. 精益之道[M]. 吕奕欣，译. 北京：机械工业出版社，2007：5-8.

③ 詹姆斯·P. 沃麦克，丹尼尔·T. 琼斯，丹尼尔·鲁斯. 改变世界的机器[M]. 余锋，陶建刚，译. 北京：商务印书馆，1999：2-8.

④（日）大野耐一. 丰田生产方式[M]. 谢克俭，李影秋，译. 北京：中国铁道出版社，2006：30-35.

客户不想要的产品强加给客户的做法，直接按照客户的需求进行生产，以客户能够承受的心理价位确定企业的目标利润，制订生产计划。①精益生产以客户需求拉动生产，持续改善生产地位，以追求生产上的"精益求精、尽善尽美"。

2. 精益成本管理体系

精益生产是精益思想在价值链中的应用，它追求价值链成本最小化。②根据价值链的各环节，基于成本管理的企业精益管理体系可划分为五个层次：目标层，即企业精益生产所追求的目标，在精益生产中，目标层以客户为中心，包含客户满意度最高、生产成本最小、产品质量最优三个方面的规划；准则层，提出了对目标层各项规划内容的具体规划要求和硬性约束条件；方法层，包含针对准则层各项准则的实施方法，精益思想在这一层中充分体现了其指导思想；方案层，是实现精益生产的各种手段和方法，该层全面应用精益生产模式，对企业的生产经营管理进行系统的颠覆性规划；运作层，该层反映了现实中各类企业运用精益生产的具体实施策略，是精益思想与企业融合的成功实践。精益成本管理体系框架如图1-10所示。

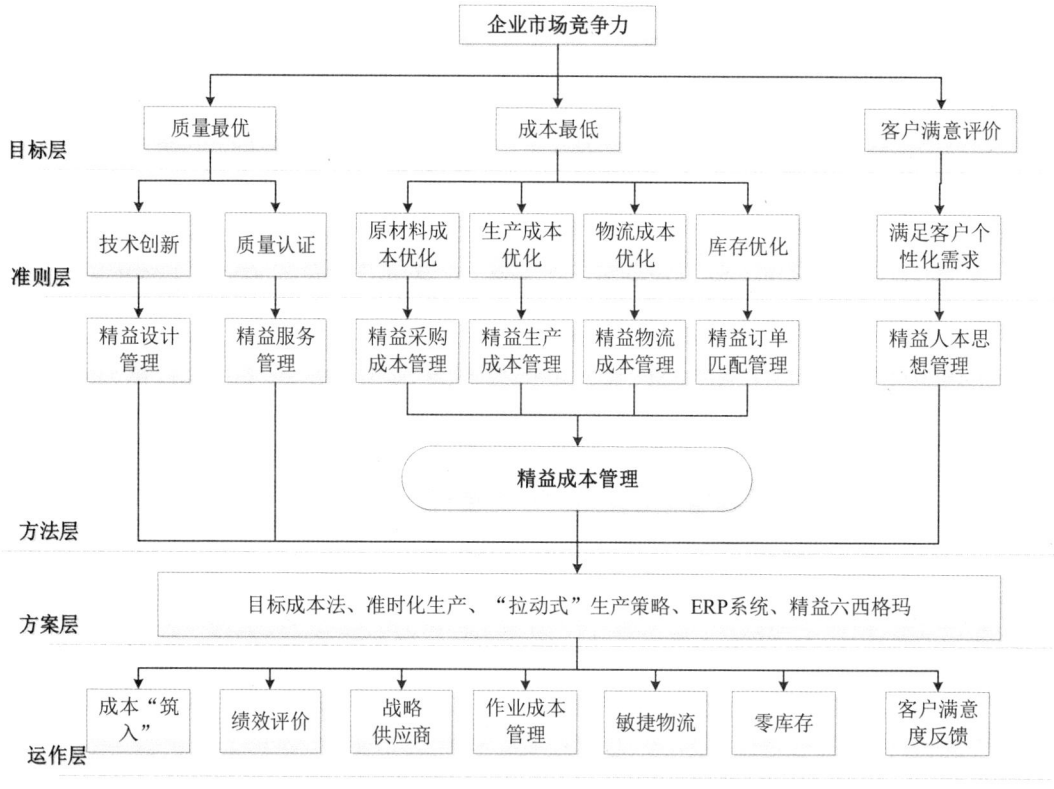

图 1-10 精益成本管理体系框架

---

① James P Womack, Daniel T Jones. World-changing Machines [M]. Xijin, lijingsheng, etc. Interpret, Beijing: the commercial press, 2000 (4): 22-28.

② 田中正知，丰田生产的会计思维[M]. 赵城立，王志，译. 北京：机械工业出版社，2015：85-89.

1.3.4 多目标规划法评价模式

目标规划（Goal Programming，GP）是在线性规划的基础上，为适应经济管理中多目标决策的需要而发展起来的一个运筹学分支。多目标规划（MOP）最早于1896年由意大利经济学家帕累托（V. Pareto）提出，主要用于解决决策时在一定的条件下，如何使各个目标都能达到比较满意的水平的问题。

1. 多目标规划模型

多目标规划的一般模型如下：

$$V - \min F(X)$$
$$s.t. gi(X) \geqslant 0, (i = 1, 2, \ldots, m) \quad 公式（1-1）$$

其中，

$$X = (x_1, x_2, \ldots, x_n)T$$
$$F(X) = (f_1(X), f_2(X), \ldots, f_p(X)), T(p \geqslant 2) \quad 公式（1-2）$$

在处理单个主目标与多个目标并存，以及多个主目标与多个次目标并存的问题时，通过引入偏差变量，可将目标按等级转化为目标约束，最终形成可用线性规划方法解决的问题。

偏差变量：用以表明实际值与超出或未达到目标值的差距，用下列符号表示。

d^+——正偏差变量，表示超出目标的差距

d^-——负偏差变量，表示未达到目标的差距

有以下三种情况：①实际值超出规定目标，则$d^+>0$，$d^-=0$；②实际值未达到规定目标，则$d^+=0$，$d^->0$；③实际值等于规定目标，则$d^+=d^-=0$。

在所有目标不能同时达到时，可以根据目标的重要程度赋予目标优先等级和加权系数。在相同的约束条件下，不同的加权系数和优先等级反映了决策者不同的目标结构，会得出不同的最优解或满意解。优先因子可用来表示不同的优先等级，用P_k表示第k个目标的优先级别。

2. 多目标规划模型的求解

多目标规划模型的求解流程如图1-11所示。

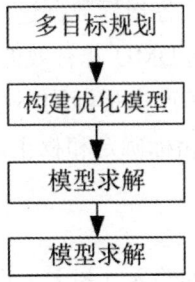

图1-11 多目标规划模型的求解流程

多目标规划的解法主要是加权系数法、优先等级法、有效解法和目标规划法。加权系数法通过为每一目标赋一个加权系数，把多目标模型转化成单目标的模型。主要缺点是难以确定合理的加权系数来反映不同目标之间的重要程度，具有一定的主观性，一般应用于具有同一度量标准的多目标模型。优先等级法将各目标按其重要程度分为不同的优先等级，如果上一等级目标得不到满足，则下一等级目标不予考虑。有效解法是找到可行解集中的全部有效解或者非劣解。在多目标规划问题中，最优解是使所有目标同时达到最优值的可行解，但在大多数情况下，众多目标之间相互矛盾，绝对最优解可能是不存在的。为满足多个目标，可以找出全部有效解并提供给决策者，由决策者决定选取满意解。有效解不是唯一的，往往难以提供给决策者全部有效解，且孰优孰劣也很难判断。目标规划法对每一个目标函数引入正的或负的偏差变量，分别表示超过或未达到目标值的情况，为区分目标的重要程度，引入目标的优先等级和加权系数，在约束条件中找到使组合偏差最小的方案。

1.3.5 基于数据包络分析的成本控制评价模型

1. 评价方法选择——数据包络分析（Data Envelopment Analysis，DEA）方法

本书对 ABCM 作业成本控制结果，应用数据包络分析方法进行评价研究，通过利用客观数据来说明 ABCM 作业实施水平，减少主观因素的影响。DEA 方法的适用性主要表现在以下几点。

（1）DEA 方法中的输入指标和输出指标之间确实存在某种关系，但 DEA 方法不必确定输入指标与输出指标的函数关系。

（2）DEA 方法以决策单元（Decision Making Unit，DMU）的各输入、输出指标的权重为变量，评价方法有利于决策单元的视角，排除了输入、输出指标在优先意义下的权重。

（3）DEA 方法的 DMU 效率指标与投入指标值、产出指标值的量纲选取无关，不需要对指标量纲进行统一处理。

（4）DEA 评价方法突出的优点是无须任何权重假设要求，最优权重由 DMU 输入、输出的实际数据求得，避免了主观因素的影响，具有一定的客观性。

（5）DEA 方法对输入、输出的各指标数据进行综合分析，能够得到每个 DMU 综合效率的数量指标，还能够指出说明 DMU 非有效的程度。

ABCM 各作业中心投入指标和产出指标均不相同，而且存在很大的关联性。通过以上综合分析，DEA 评价方法具有指标确定和权重确定的灵活性，非常适用于 ABCM 作业中心效率的评价。

2. 数据包络评价模型的设计

设 DMU 在一项生产过程中的输入（投入）向量为 $\chi = (\chi_1, \chi_2, \cdots, \chi_m)^T$，输出（产出）向量为 $y = (y_1, y_2, \cdots, y_s)^T$，决策单元 DMU 的生产作业内容则用 (χ, y) 来表示。

现假设有 n 个 DMU j $(1 \leqslant j \leqslant n)$，DMU 对应的输入和输出向量分别为：

$$\chi_j = (\chi_{1j}, \chi_{2j}, \cdots, \chi_{mj})^T, \quad j=1,2,\cdots,n \qquad 公式（1-3）$$

$$y_j = (y_{1j}, y_{2j}, \cdots, y_{sj})^T, \quad j=1,2,\cdots,n \qquad 公式（1-4）$$

也就是每个 DMU 均有 m 种指标输入和 s 种指标输出；且 $\chi_{ij} > 0$，$y_{ij} > 0$，$i=1,2,\cdots,m$；$r=1,2,\cdots,s$。

χ_{ij} 为第 j 个 DMU 对第 i 种指标输入的投入量。

y_{rj} 为第 j 个 DMU 对第 r 种指标输出的产出量。

在 ABCM 应用中输入指标和输出指标之间的作用不同，根据同质性原则，对每个 DMU 进行评价时，首先需要对输入指标与输出指标进行一定整合，赋予每个输入变量和输出变量适当的权重。用 v 表示投入指标的权系数，u 表示产出指标的权系数，输入指数变量表如表 1-1 所示，输出指标变量表如表 1-2 所示。

表 1-1 输入指标变量表

输入指标	DMU_1	DMU_2	……	DMU_j	……	DMU_n
v_1	x_{11}	x_{12}	……	x_{1j}	……	x_{1n}
v_2	x_{21}	x_{22}	……	x_{2j}	……	x_{2n}
⋮	⋮	⋮	⋮	⋮	⋮	⋮
v_m	x_{m1}	x_{m2}	……	x_{mj}	……	x_{mn}

表 1-2 输出指标变量表

输出指标	DMU_1	DMU_2	……	DMU_j	……	DMU_n
u_1	y_{11}	y_{12}	……	y_{1j}	……	y_{1n}
u_2	y_{21}	y_{22}	……	y_{2j}	……	y_{2n}
⋮	⋮	⋮	⋮	⋮	⋮	⋮
u_s	y_{s1}	y_{s2}	……	y_{sj}	……	y_{sn}

$$v = (v_1, v_2, \cdots, v_m)^T, u = (u_1, u_2, \cdots, u_s)^T$$

$$h_j = \frac{u^T y_j}{v^T x_j} = \frac{\sum_{k=1}^{s} u_k y_{kj}}{\sum_{i=1}^{m} v_i x_{ij}}, \quad (j=1,\cdots,n) \qquad 公式（1-5）$$

每一个 DMU 都由效率评价指数 h_j 评价，任一个 DMU 都有 $0 < h_j \leq 1$。构造 CCR 模型如下：

$$\begin{cases} \max \dfrac{\sum_{k=1}^{s} u_k y_{kj_0}}{\sum_{i=1}^{m} v_i x_{ij_0}} = V_p \\ s.t. \dfrac{\sum_{k=1}^{s} u_k y_{kj}}{\sum_{i=1}^{m} v_i x_{ij}} \leqslant 1, j = 1, \cdots, n \\ u_k \geqslant 0, k = 1, \cdots, s \\ v_i \geqslant 0, i = 1, \cdots, m \end{cases} \quad 公式（1-6）$$

该模型使用 Charne-Cooper 变换，令：

$$t = \dfrac{1}{v^T x_0}, \mu = tu, \omega = tv,$$

可将分式模型变换为下面的线性规划模型：

$$\begin{cases} \max \mu^T y_o = \overline{V_p} \\ s.t. \omega^T x_j - \mu^T y_j \geqslant 0, j = 1, \ldots n \\ \omega^T x_0 = 1 \\ \mu \geqslant 0, \omega \geqslant 0 \end{cases} \quad (P) \qquad 公式（1-7）$$

线性规划（P）的对偶规划（D）问题为（加入松弛向量 s^+ 及 s^- 以后）：

$$\begin{cases} \min \theta \\ s.t. \sum_{j=1}^{n} \lambda_j x_j + s^- = \theta x_0 \\ \sum_{j=1}^{n} \lambda_j y_j - s^+ = y_0 \\ \lambda_j \geqslant 0, j = 1, \ldots n \\ s^+ \geqslant 0, s^- \geqslant 0 \end{cases} \quad (D) \qquad 公式（1-8）$$

DEA 评价结果解释如下。

定理 1：（P）与其（D）均存在可行解，其最优值 $V_D = V_P \leqslant 1$。

定义 1：（P）的解 μ^*, ω^* 使规划的最优值 $V_P = 1$，则 DMU 为弱 DEA 有效。

定义 2：若（P）的解中存在 $\mu^* \geqslant 0$，$\omega^* \geqslant 0$，并且使 $V_P = 1$，则 DMU 为 DEA 有效。

定理 2：

（1） DMU_{J0} 为弱 DEA 有效的充分必要条件是（D）的最优值 $V_D = \theta^* = 1$。

（2） DMU_{J0} 为 DEA 有效的充分必要条件是（D）的最优值 $V_D = \theta^* = 1$，并且对它的每个最优解 λ^*，都满足 $s^{*+} = s^{*-} = 0$。

下面进一步说明 DEA 有效性的意义。

对于线性（P）及（D）来说，它们是基于输入的 DEA 模型，在研究 ABCM 作业活动时，是技术有效还是规模有效的结论如下。

①若 $\theta^*=1$，同时 $s^{*+}=s^{*-}=0$，那么 DMU_{J0} 为 DEA 有效，则 ABCM 作业活动同时达到技术有效和规模有效。

②若 $\theta^*=1$，至少有一个松弛变量 s^{*+} 或 $s^{*-}>0$，那么 DMU_{j0} 为 DEA 弱有效，此时的 ABCM 作业活动没有同时达到技术有效和规模有效。

③若 $\theta^*<1$，则 DMU_{j0} 无效，此时的 ABCM 作业活动既没有达到技术有效，也没有达到规模有效。

此外，通过 CCR 模型中的 λ_j 来判断 DMU 的规模效率情况，结论如下：

①若存在 λ_j（$j=1,2,\cdots,n$）使得 $\sum\lambda_j=1$，则 DMU 规模收益不变。

②若不存在 λ_j（$j=1,2,\cdots,n$）使得 $\sum\lambda_j=1$，如果 $\sum\lambda_j<1$，则 DMU 为规模效益递增。

③若不存在 λ_j（$j=1,2,\cdots,n$）使得 $\sum\lambda_j=1$，如果 $\sum\lambda_j>1$，则 DMU 为规模效益递减。

1.4　研究基本思路、主要内容和研究方法

1.4.1　研究基本思路

本书在研究了实时成本控制概念的界定、制造业成本控制的相关理论的基础上，鉴于制造业转型期间面临着成本压力和成本困境，同时考虑到企业生产过程成本控制在企业经营决策过程中的重要作用，综合运用现代成本控制理论、系统论、信息论及精益生产理论的成果，沿着"制度和背景-文献综述和理论分析-现状和问题-模型的构建-案例应用研究-结论及启示"的研究思路和主线，对本书内容进行了深入推敲和研究。在本书中，首先是对研究涉及的各种理论基础和起源进行了回顾，接着对成本控制相关文献进行了综述。其次，在对我国制造业成本控制的历史沿革进行梳理并进行国际比较的基础上，对我国制造业的现状进行研究，同时结合论文研究对京津冀地区制造业做了问卷调研。研究分析发现，我国大部分制造企业对现代管理思想与技术（如 LP）和信息化都有了深刻的认识，但实际融合不是很好，成本核算与控制采用传统的方法占据相当大的比例。然后，基于 LP+IT+ABCM 的先进理论和指导方法进行了融合研究，在此基础上搭建制造企业在生产过程中的实时成本控制框架模型，并以此框架模型构建了基于 ABCM 成本控制方法的核算、分析和评价模型。最后，本书以 SX 公司为案例应用企业，研究企业生产过程中实时成本控制状况，在执行过程中及时对出现的偏差进行合理的修正，促进企业的经济活动能够良好地依照决策预定的路线和目标进行，并通过 DEA 数据包络分析对生产作业效率进行了评价。制造企业"实时成本控制法"的科学性和有效性，为成本控制理论和实践提供新的视角。技术路线图如图 1-12 所示。

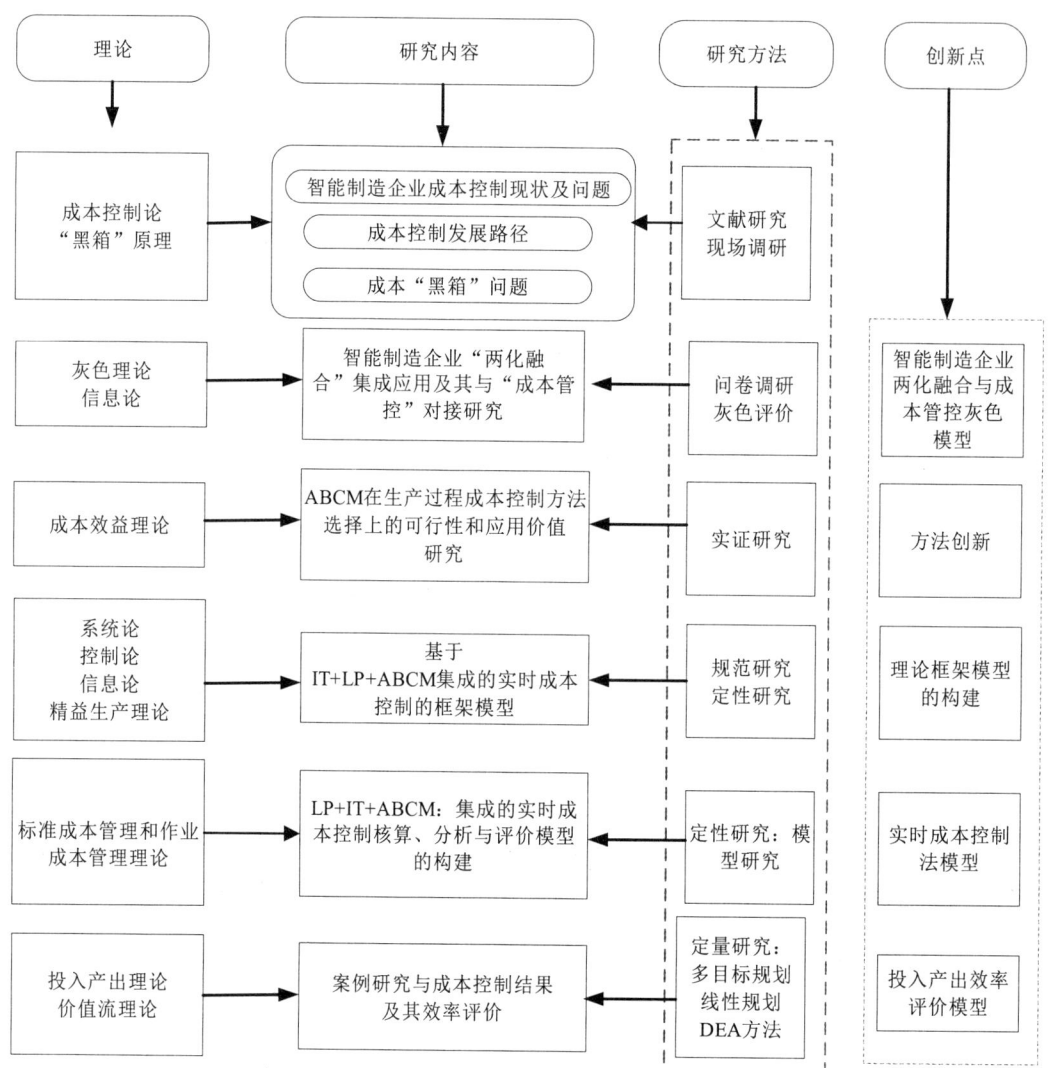

图 1-12 技术路线图

1.4.2 研究主要内容

本书共分 9 章，内容框架如图 1-13 所示。

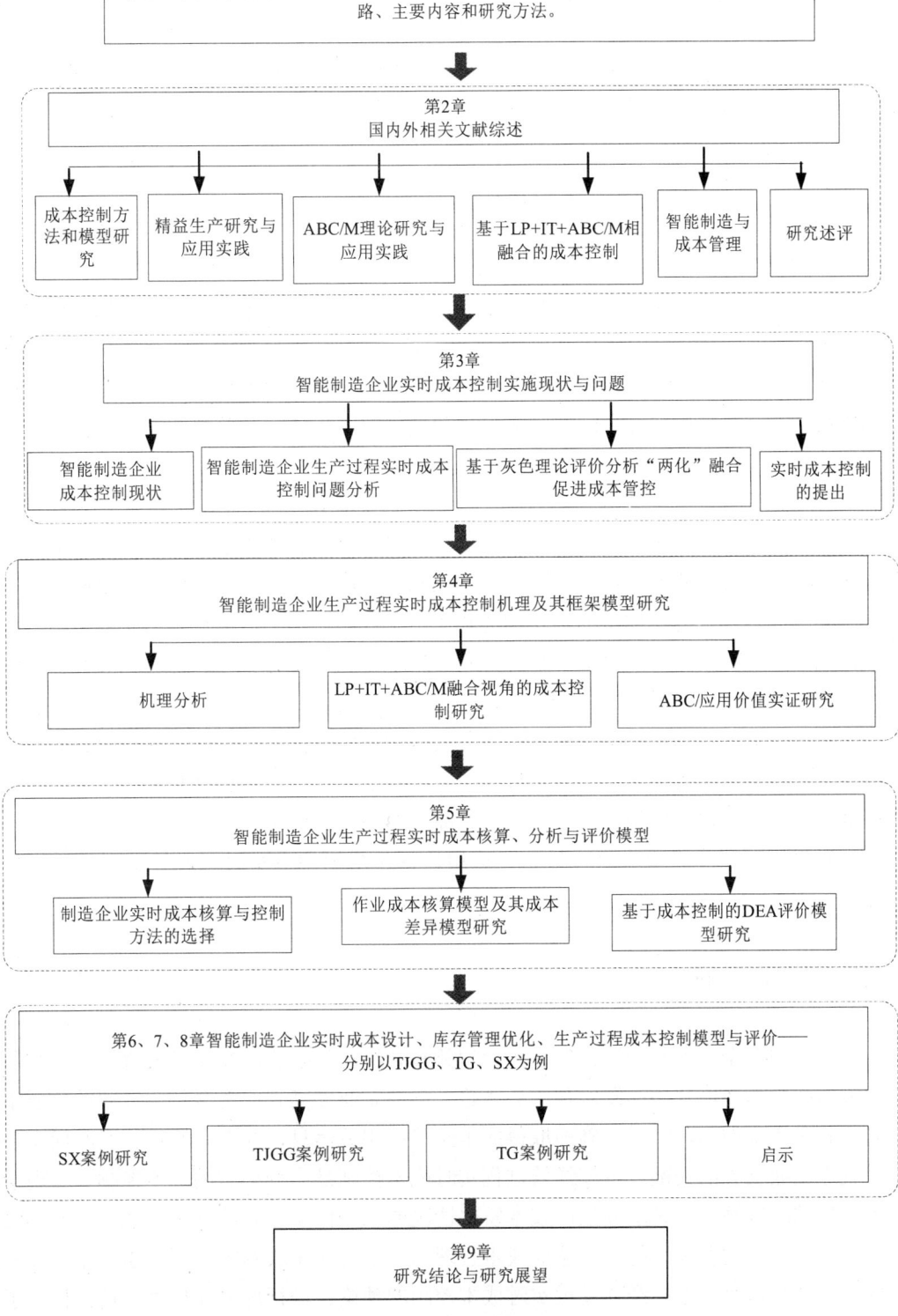

图 1-13 本书内容框架图

1.4.3 研究主要方法

针对研究问题,本书将理论-模型-评价-案例应用融为一体,采用文献研究、现场实地调研、问卷调研,规范研究和实证研究、定量研究和定性研究,综合运用成本控制理论、精益生产理论、系统论与信息论、运筹学等理论科学知识,包括成本管理方法的融合、成本控制标准与核算、成本控制差异分析和评价方法等。

1. 文献研究、现场实地调研和问卷调查相结合方法

通过对国内外大量的文献资料进行查阅,系统地对成本控制理论与方法的诞生、演变过程和发展趋势进行了梳理,对研究所涉及的相关成本控制方法、成本控制标准和评价方法等的现状进行了总结、分析和归纳,以确保全面翔实地把握相关领域的研究方向和发展动态,以此奠定了此文的理论研究基础。同时,对典型的二十余家制造企业进行现场调研、问卷调查和网络调研,分析企业现有的成本管理问题,探讨基于"LP+IT+ABCM"融合视角集成融合的实时成本控制模型的可行性、有效性和科学性。

2. 规范研究和实证研究相结合方法

针对规范研究和实证研究,国内外的许多学者都从各自不同的研究领域和视角进行了细致探讨和广泛研究,在此过程中提出了大量的有价值的论述和观点。本书尝试将会计研究和实证会计研究相结合,使两种方法相互依赖、相互渗透。应用规范研究,在设计了实时成本控制框架模型的结构功能和作用机理的基础上,进行制造企业生产过程成本控制"黑箱"运行规律的界定;通过实证研究,实现从特殊到一般再到特殊的研究过程。

3. 定性研究和定量研究相结合

对实时成本控制的涵义、成本控制各要素的作用和构成、相应标准设定、成本控制产生的差异信息、反馈传递等内容进行了分析和定性描述,并借助数学方法构建了基于标准的作业成本控制模型。在定量研究方面,运用作业成本法进行成本计算并与标准成本进行对比,对生产成本进行控制,运用数据包络模型对实时成本控制案例进行效率评价。

1.5 研究创新

智能制造企业生产经营管理模式的创新和升级已是必然,在此时代背景下,企业实时成本控制与环境互动的发展是大势所趋。制造企业提高企业资金利用效率的重要手段之一就是成本控制,实时正确地取得成本核算的相关信息,并有效地进行实时成本控制是制造企业制胜的关键。生产经营过程实时成本控制是一种动态的成本控制,体现了成本管理的时效性。及时掌握生产成本发生情况的相关信息,并结合生产经营过程实时成本控制,已成为衡量智能制造企业成本管理系统是否真正成熟的重要标志。本书深入研究了智能制造企业生产经营过程实时成本控制的理论、运行环境和机理分析,构建了实时成本控制分析和评价模型,力求达到生产经营过程实时成本控制的目的,创新点主要体现在以下几个方面。

第一,根据智能制造的"两化融合"背景,基于 LP+IT+ABCM 集成融合——提出了制造企业生产过程实时成本控制框架三层模型。挖掘了解决生产过程中的"黑箱"问题和成本控制中的"黑箱"问题的方法,实现了制造企业在实时成本控制视角上的创新。实现在生产过程中能实时地掌控和监督各项资金成本的使用去向和使用状况,根据实时成本数据的正确及时反馈,为制造企业有效实现全面成本管理方面提供有力的支持。

第二,根据成本滚加法、作业成本法与标准成本法相结合的成本控制方法,基于 LP+IT+ABCM 融合——构建了生产过程实时成本控制核算与差异分析模型。解决了传统成本核算费用分配的"黑箱"问题,实现了制造企业实时成本控制方法上的创新。实时采集现场生产过程中的各项成本费用来计算成本,对其异常情况进行差异分析,及时发现生产中的各种问题并实时控制。

第三,根据投入产出原理,设计了基于成本控制的 DEA 评价模型。ABCM 各作业中心投入指标和产出指标均不相同,而且存在很大的关联。将实时成本控制前后的投入、产出数据进行评价,找出发生差异的问题所在,从而进行成本管理与控制,为提高企业生产效率和质量提供参考依据,实时关注成本控制与改善。

第 2 章 文献综述

2.1 成本控制方法和模型研究

2.1.1 成本控制方法研究

成本控制随着商品经济及其理论的产生和发展，从萌芽状态逐渐发展到了现今有规律可循的相应途径、方法和标准等。根据企业环境的变迁和管理思想演变过程，本书借鉴毛洪涛、王德昌的研究成果，把成本控制方法划分为经验管理、科学管理、目标管理和战略管理四个阶段进行研究。在企业的生产经营决策和日常管理活动中，成本控制发挥了极为重要的作用。[①②]

1. 基于经验管理阶段的成本控制

人类有组织的活动源远流长，人类的管理活动也有悠久的历史。可以说，人类一开始就已感受到在合作中对活动进行协调的必要性。原始社会自然条件恶劣，为了有效分配、利用资源，管理活动随之产生，但是长期以来，人们并没有很好地研究各种管理活动。在工业革命以前，主要是通过君权的号召力及家庭亲情等进行管理的，在这种尚未工业化的环境中，很少甚至没有创立正式的管理思想或专门进行管理研究的需要，当时的成本核算也只是生产活动附带的职能，成本核算只是提供成本信息，成本控制也只是以控制实物为主。[③]早期的成本控制起源于英国。18 世纪下半叶从英国开始的工业革命，导致了工厂制度的产生。由于工厂不同于以往任何组织，所以当时没有现成的管理经验可以借鉴，人们凭借自己的能力和对新的管理问题的理解进行管理，还是以核算产品的生产成本和销售成本为主。在这个阶段，由于生产产品的数量和重型机器设备的数量增多，成本核算日益复杂，英国会计学家设计了只限用于工业企业进行订单成本计算和分步成本计算的方法，出现了最早的一批成本核算方法和控制技术。

2. 基于科学管理阶段的成本控制

19 世纪末 20 世纪初，源于标准成本制度的出现，成本核算与管理方法发生了巨大的转变，以泰勒为代表提出的科学管理，对成本控制理论的发展产生了深刻的影响。用事前预定成本标准来执行成本控制的管理方法，已经取代了传统的对产品生产和销售成

---

① 毛洪涛，王德昌. 成本控制方法演进过程及启示——基于管理思想演变逻辑的分析研究[J]. 会计之友，2013（9）：16-20.

② 查尔斯·T. 霍恩格伦，加里·L. 森德姆，威廉·O. 斯特拉顿，戴维·博格斯塔勒，杰夫·舒兹伯格，管理会计[M]. 赵伟，王思研，译. 大连：东北财经大学出版社，2013：206-230.

③ Derks H. Religion, capitalism and the rise of double-entry bookkeeping [J]. Accounting, Business & Financial History, 2008, 18(2): 187-213.

本的事后控制，以此实施日常的成本控制和定期成本分析。在此过程中，成本核算是一个新的管理职能，其应用领域也由工业制造业延伸至商业及其他新兴的服务行业等。成本控制进入了一个新的发展阶段。

弗雷德里克·泰勒在 1911 年出版了《科学管理原理》这一专著。该专著系统地提出了科学管理学说，对标准化原理、定额管理、计件工资制等进行了积极倡导，详细论述了降低成本、提高效率的先进管理思想。其中标准化原理极大推动了成本核算的改革，同时带来了成本降低和时间节约，也提高了成本控制效率和成本质量。[1]美国会计师卡特·哈里森在 1924 年和 1932 年先后出版了《标准成本论》《基于标准成本：制造业的会计》两部专著，进一步完善了标准成本制度理论。由此之后，标准成本制度在企业中的实践应用不断扩大。[2][3][4]美国国会于 1921 年公布《预算和会计法案》，对于企业如何更好地实行预算控制，此法案产生了重要的作用。据此，诸多制造企业开始逐渐采用预算控制来进行成本管控[5]。麦金赛教授于 1922 年出版《预算控制》一书。该书从控制论的视角讲解了预算管理理论及方法，对预算控制的发展产生了巨大的影响。伴随着科学管理的思想在制造企业的运用，标准成本、预算控制和成本差异分析等技术逐步应用到成本核算与控制中，成本控制的职能由以单纯的成本核算为目的发展到事前制定成本标准、事中控制实际成本和事后评价分析相结合的闭环成本控制。[6][7]

3. 基于目标管理阶段的成本控制

随着科学发展和社会生产力的提高，顾客对产品的功能、设计以及可靠性等方面的要求也在不断提高，产品的整体性能和价格日益成为人们关注的重点。因此，企业的主要管理目标就是全面质量管理。

1952 年，美国会计学家希钦斯提出建立以责任中心为基础的责任成本会计制度，各级部门逐级分解成本目标，对责任成本均负担相应的职能，强化责任部门的考核，从而调动各级部门控制成本的主动性，有效地促进了企业的成本控制的实施。[8]1960 年，阿曼德·费根堡姆的专著《全面质量管理》出版。他主张用全面化系统化的方式来对质量进行管理，所有的职能部门都要对产品质量承担责任，而不单局限在生产部门。这一主张也强调要在产品设计形成的早期就预先建立质量标准，而不是在既成事实后再做质量

---

[1] Matthews M, Boyns T, Edwards J R. Chandlerian Image or Mirror Image? Managerial and Accounting Control in the Chemical Industry: The Case of Albright & Wilson, c. 1892 to c. 1923 [J]. Business History, 2003, 45(4): 24-52.

[2] Robson N. Adapting not Adapting: 1958-74. Accounting and Managerial 'Reform' in the Early NHS [J]. Accounting, Business & Financial History, 2007, 17(3): 445-467.

[3] Smith J A. Handbook of Management Accounting [M]. Elsevier, 2007.

[4] Sanders T H. Basic Standard Costs [J]. Accounting Review, 1933, 8(2):175.

[5] 袁琼，傅光明. 论美国的预算法与运转模式及其启示[J]. 财政监督，2015（6）：72-73.

[6] 吕晓梅. 成本管理会计的发展及其技术适应性分析[J]. 当代财经，2009（1）：111-115.

[7] Mattessich R. Accounting Research and Researchers of the Nineteen Century and the Beginning of the Twentieth century: an international Survey of Authors, Ideas and Publications [J]. Accounting, Business & Financial History, 2003, 13(2):125-170.

[8] Antoni C. Management by objectives—an effective tool for teamwork [J] International Journal of Human Resource Management, 2005, 16(2): 174-184.

的检验和控制。①1954年，美国管理学家彼得·德鲁克在《管理的实践》中首次提出了目标管理。②在此理论的基础上，日本丰田汽车公司于1960年借鉴目标管理思想首创目标成本管理。其核心是制定目标成本，根据客户的采购价格来核算目标利润和具体的产品售价，以计算出目标成本。这一步骤需要在产品设计之前完成，也就是对产品进行事前控制，目标成本控制贯穿其全过程。

4. 基于战略管理阶段的成本控制

进入20世纪80年代以后，在美国、日本、英国等国家的生产管理实践中，战略管理作为企业强化成本控制，取得市场领先的工具。战略成本管理运用成本动因分析法、作业成本法和全生命周期法等对价值链进行成本管理与控制，运用成本数据和信息为战略管理的每一个关键步骤提供及时、精准的成本信息，促进企业形成竞争优势和核心竞争力。③④我国学者李从东，齐二石，刘子先等讨论了基于过程的企业观、成本观和成本控制观的作业成本法，对成本动因理论的成本控制系统等问题，进行了深入的研究。⑤万寿义，王政力从战略成本动因分析入手，研究了其应用模式。⑥成本管理与控制需要引入相对成本管理办法，也就是通过选择最佳企业场地、调整企业规模、创新各项技术、优化业务流程等成本动因因素，构建成本发生的基础条件，并强化实施此战略。以成本动因各因素的变化促使成本降低的战略思想，是一种从战略成本动因出发来管理和控制成本的逻辑思路。⑦

2.1.2 成本控制模型研究

由于制造业生产过程成本核算、分析与控制建模的重要作用，不少中外专家学者在这方面展开了深入的研究，基于成本控制根据企业资源规划、企业架构设计、成本管理等方面构建了成本核算模型、成本模拟、计划与预测模型、成本优化模型、成本体系架构模型和评价模型等。

1. 成本核算与分析方面的模型

成本核算中，Son把成本费用划分为原材料成本、人工成本、设备与折旧费用、工具费用和其他各类费用，并构建成本模型⑧。Aderoba根据车间划分不同类型，按照作业

---

① Shoji Shiba, Alan Graham, David Waldenl, 当代美国全面质量管理：管理中的四次实用革命[M]. 李天和，译. 上海：上海交通大学出版社，2005：7.

② Greenwood R C. Management by Objectives: As Developed by Peter Drucker, Assisted by Harold Smiddy [J]. Academy of Management Review, 1981, 6(2): 225-230.

③ Shannon W. Anderson, Henri C. Dekker. Strategic Cost Management in Supply Chains, Part 2: Executional Cost Management. Accounting Horizons. 2009.

④ Shannon W, Anderson H C. Dekker. Strategic cost management in supply chains part 1: Structural cost management. Accounting Horizons. 2009.

⑤ 李从东，齐二石，刘子先，等. 基于过程和成本动因理论的成本控制问题研究[J]. 系统工程理论与实践，1999（3）：88-93.

⑥ 万寿义，王政力. 战略成本动因分析的应用模式研究[J]. 上海立信会计学院学报，2006（5）：10-16.

⑦ 邓厚平. 战略成本动因控制模式研究[D]，武汉：武汉理工大学，2009.

⑧ Son Y K, A cost estimation model for advanced manufacturing system [J]. InternationalJournal of Production Research, 1991, 29: 441-453.

的类别进行成本核算模型的设计。①由于传统成本法对成本费用分摊上的扭曲,Cooper与Kaplan提出了基于作业的成本分配模型。②③由于应用作业成本法需要处理的数据庞大,需要协同其他数据信息支持,Spedding与Sun根据仿真平台进行了集成建模。④刘晓冰等成功研制了钢铁企业作业成本核算系统。⑤另外,Ben-Arieh D与Qian L对于分解作业的建模技术给予了新的模型设计。⑥

2. 成本模拟、计划与预测方面的模型

Wang H S⑦应用神经网络、Shehab E⑧应用模糊逻辑思想,从成本设计角度进行模型构建。Jung J Y⑨与Bouaziz Z⑩根据生产过程的特征变化和生产过程的耗费状况的对应关系,作为构建模型的依据。由于制造企业车间环境复杂,相关学者还从车间的特定应用角度建立了专用模型。⑪⑫⑬⑭

3. 其他方面有利于成本控制建模的研究

Seshadri、pinedoP⑮Silva、Morabito⑯构建了仿真排队网络模型,指导企业资源生产过程优化配置。Moore与Gupta⑰根据柔性制造系统和自动化系统设计了随机模型,对生产过程中设备和资源利用情况进行评价。江志斌、何俊明⑱根据制造系统的特征,进行深入

---

① Aderoba A. A generalised cost-estimation model for job shops [J]. International Journal of Production Economics, 1997, 53: 257-263.

② Cooper R, Kaplan R S. How cost accounting distorts product costs [J]. Management Accounting, 1988, 69(10): 20-27.

③ Cooper R, Kaplan R S. Measure cost right: make the right decision [J]. Harvard Business Review, 1988, 66(5): 96-103.

④ Spedding T A, Sun G Q. Application of discrete event simulation to the activity based costing of manufacturing systems [J]. International Journal of Production Economics, 1999, 58: 289-301.

⑤ 刘晓冰,李浩. 基于成本项目的钢铁作业成本管理模型研究[J]. 计算机集成制造系统,2007,13(11):2126

⑥ Ben-Arieh D, Qian L. Activity-based cost management for design and development stage [J]. International Journal of Production Economics, 2003, 83: 169-183.

⑦ Wang H S. Application of BPN with feature-based models on cost estimation of plasticinjection products [J]. Computers & Industrial Engineering, 2007, 53: 79-94.

⑧ Shehab E, Abdalla H. An intelligent knowledge-based system for product cost modeling [J]. International Journal of Advanced Manufacturing Technology, 2002, 19: 49-65.

⑨ Jung J Y. Manufacturing cost estimation for machined parts based on manufacturing features [J]. Journal of Intelligent Manufacturing, 2002, 13: 227-238.

⑩ Bouaziz Z, Younes J B, Zghal A. Cost estimation system of dies manufacturing based on the complex machining features [J]. International Journal of Advanced Manufacturing Technology, 2006, 28: 262-271.

⑪ Luong L H S, Spedding T. An integrated system for process planning and cost estimation in hole making [J]. International Journal of Advanced Manufacturing Technology, 1995, 10: 411-415.

⑫ Qian L, Ben-Arieh D. Parametric cost estimation based on activity-based costing: acase study for design and development of rotational parts [J]. International Journal of Production Economics, 2008, 113: 805-818.

⑬ Masel D T, Young II W A, Judd R P. A rule-based approach to predict forging volume for cost estimation during product design [J]. International Journal of Advanced Manufacturing Technology, 2010, 46: 31-41.

⑭ Chayoukhi S, Bouaziz Z, Zghal A. Cost estimation of joints preparation for GMAW welding process using feature model [J]. Journal of Materials Processing Technology, 2008, 199: 400-411.

⑮ Seshadri S, Pinedo M. Optimal allocation of resources in a job shop environment [J]. IIE Transactions, 1999, 31(3): 195-206.

⑯ Silva C R N, Morabito R. Performance evaluation and capacity planning in a metal lurgicaljob-shop system using open queueing network models [J]. International Journal of Production Research, 2009, 47(23): 6589-6609.

⑰ Moore K E, Gupta S M. Stochastic colored Petri net models of flexible manufacturing systems: material handling systems and machining [J]. Computers & Industrial Engineering, 1995, 29(1-4): 333-337.

⑱ 江志斌,何俊明. 论现代制造系统可变性特征[J]. 中国机械工程,2003(7):580-583.

研究，提高了 Petri 网的生产过程资源构建模型能力。Petroni A、Rizzi A 对构建生产调度排产也进行了详细的梳理。①GuoY W、Li W D②基于粒子群，Shahabudeen P、Krishnaiah K、Narayanan M T③基于模拟退火法等设计了各自的资源优化模型。

2.2 精益生产研究与应用实践

通过查阅从 1990 年到 2024 年出版的精益生产管理的相关文献，发现国内外学者对精益思想、精益管理等方面进行了深入研究，并已经取得了一系列研究成果。

2.2.1 基于价值流管理研究

在研究初期，国内外研究学者大多将目光集中在精益生产阶段，强调价值流管理。价值流概念是 Daniel T. Jones 和 Jame P. Womack 于 1996 年提出的。他们指出，企业必须要对价值流中所包含的各流程环节的优化设计和实体转化进行具体分析，才能实现精益生产。

在对精益生产系统进行研究时，Jones 对企业普遍存在着的七种浪费进行了概括。④⑤日本河田信教授在对日本丰田生产方式研究后，指出企业要保证生产逻辑和会计逻辑的高度密切整合，这是经营管理系统中的重中之重，要求企业强化价值流管理和强化贯穿于产品生命周期的产品中心管理系统。王爱民⑥在分析了企业价值系统精益化的各个方面之后，指出渠道价值链、供应商价值链、买方价值链以及企业自身价值链都是企业价值系统的有机组成。也就是说，这个系统不仅有企业自身内部的各个链条链接活动，还有企业的相应外部活动。⑦李树茂也对企业的精益生产方式进行了研究，指出追求精益成本管理的实质工作是降低价值链的成本，需要将供应链中的价值问题与成本管理联系在一起，融合成为一个有机管理体系。⑧

2.2.2 精益成本管理与控制研究

随着企业对精益思想的重视，学者们对精益成本管理模式在实际工作操作中的应用进行了进一步的深入研究。对比传统的成本管理，精益管理在实际工作中需要注意的方

---

① Petroni A, Rizzi A. A fuzzy logic based methodology to rank shop floor dispatchingrules [J]. International Journal of Production Economics, 2002, 76: 99-108.

② Guo Y W, Li W D, Mileham A R, et al. Applications of particle swarm optimisation in Integrated process planning and scheduling [J]. Robotics and Computer-Integrated Manufacturing, 2009, 25(2): 280-288.

③ Shahabudeen P, Krishnaiah K, Narayanan M T. Design of a two-card dynamic kanban systemusing a simulated annealing algorithm [J]. International Journal of Advanced Manufacturing Technology, 2003, 21(10-11): 754-759.

④ 蔺宇. TPS 的过程成本控制与评价方法研究[D]. 天津：天津大学，2007.

⑤ James P. Womack, Daniel T. Jones. World-changing Machines [J]. Xijin, lijingsheng, etc. Interpret, Beijing: the commercial press, 2000 (4): 22-28.

⑥ 王爱民，白佳. 基于精益思想的企业价值系统研究[J]. 武汉理工大学学报(信息与管理工程版)，2006(5)：158-160.

⑦ 河田信. "不均衡モデルによる財務原価と管理原価の調和化" [J]. 研究年报，Vol. 60 No. 3, November 1998, pp. 83-101.

⑧ 李树茂. 精益生产方式——提高企业经济效益的重要模式[J]. 商业研究，2001（6）：105-107.

面逐渐被凸显出来。我国最早在钢铁制造行业中应用精益成本管理理论。王寅东通过对邯郸钢铁公司成本管理的研究分析，客观性地提出企业精益成本管理方法在我国的应用还基本处于萌芽状态。[①]钟晓强研究了将作业成本法与定额管理相结合，构建了以数智化为支撑、精益化管理为抓手、价值创造为导向的全方位成本管控模型，为管控企业运营成本发挥了积极作用。[②]随着精益管理理论逐步应用到实际中，学者们对精益思想的研究也逐步深入，精益管理体系也日渐完善。汪家常在《精益成本管理》一文中试图构建企业精益成本管理体系，将成本管理分解为目标层面、准则层面、方案层面和运作层面，不同的层面分别和自身相应的成本管理方法和工具来对应，其认为设计成本、采购成本、生产成本、物流成本和服务成本是组成精益化成本管理内容的五个部分。[③]潘玉香、齐二石和王子强认为，依据自身特点，提高目标层次，使精益生产成本优化和控制管理模式能够发挥更大的作用。[④]

随着信息技术的发展，企业实施精益管理时要加大力度推进信息化管理工程。吴泷在研究企业精益成本管理的基础上，将作为企业连接纽带的供应链列入精益成本管理体系，并指出实施精益成本管理必须对生产作业的全部活动采用计算机化管理，各个工序要在 ERP 企业资源管理计划的支持下来进行排程，才能将组合线进行优化，控制各个工序占用的总成本，利用 ERP 工具来集合各个供应链上的各个信息流，保障企业真正实现精益成本管理的目标。罗文兵，邓明君提出的成本管理体系和之前的研究理论略有不同之处，指出精益化的成本管理本质是要实现持续化降低成本和提高生产质量及服务水平。[⑤]陈晓东等提出了为了更好地适应市场竞争环境，有效降低成本，提高制造的精益化、柔性化程度，集成整合上下游资源，应用 IT 新技术，打造智能制造大数据信息平台，构建大数据成本分析模型，创建集数据采集、处理、加工、分析、发布、应用、反馈于一体的精益成本管理新模式。[⑥⑦]

2.3 ABCM 理论研究与应用实践

2.3.1 ABCM 基本理论研究

1. 作业成本思想的基础阶段

1941 年 Russell 教授在 *Management Accounting* 杂志撰文，首次提出了"作业"和"作业账户"。[⑧]1952 年，科勒在其发表的《会计师词典》中系统化地提出了企业作业会计理

---

① 王寅东. 我国企业成本会计现状分析[J]. 新理财，2003（4）：65-68.
② 钟晓强. 山西焦煤基于作业成本定额体系的精益化成本管控实践[J]. 财务与会计，2023，(17)：21-23.
③ 汪家常. 精益成本管理[J]. 经济管理，2003（2）：57-59.
④ 潘玉香，齐二石，王子强. 钢铁企业精益生产成本优化控制研究[J]. 中国科技论坛，2015（1）：84-90.
⑤ 吴泷. 精益成本管理模式及其启示[J]. 西北农林科技大学学报（社会科学版），2004（7）：107-110.
⑥ 罗文兵，邓文君. 论精益运营模式下成本管理框架的构建[J]. 广东经济学院报，2006（3）：61-64.
⑦ 陈晓东，夏天，翟小平. 基于智能制造和大数据环境下的精益成本管理[J]. 财务与会计，2019（22）：69-70.
⑧ Russell S. ABC and ERP partners at last [J]. Management Accounting, 1998. (11):57.

念。① 另外，美国的乔治·斯托布斯在 20 世纪 70 年代初期也对作业、企业作业会计以及作业系统等术语做了较为全面客观的诠释和论述，作为作业成本法理论框架的发布。

2. 作业成本管理理论成熟阶段

从 20 世纪 80 年代初期起，随着 MRP（物料需求计划）、CAM（计算机辅助制造）、MIS（管理信息系统）、CIMS（计算机集成制造系统）的应用和兴起，美国实业家普遍感到产品成本与实际脱节，存在成本扭曲现象。美国的罗宾·库珀和罗伯特·S. 卡普兰就这一普遍存在的现象进行了分析，并在著名刊物《哈佛商业评论》和《成本会计》上就关于作业成本法（Activity Based Costing，简称 ABC）及其相关理论发表了多篇文章，这些都是作业系统理论得以发展的基础。库珀在《成本管理》上前后发表过四篇文章，对作业成本的本质进行了阐述，并与卡普兰共同研究了《计量成本的正确性：制定正确的决策》，提出了成本计算方法，这对成本管理方法的发展起了很大推动作用。② 20 世纪 90 年代，在 IMA 和 KPMG 实业界的资助下，一些学者共同整理撰写了 *Activity-Based-Cost-Management*（作业成本管理）（简称 ABCM），全面阐述了传统成本法的局限性以及 ABCM 的基本理论和方法。③

3. 影响 ABC 因素的研究

S W Anderson 与 S M Young 基于结构方程模型研究了控制活动的 ABC 成本核算系统，在组织变革关联的特定因素评价中，使用访谈和实地调查来自 21 个企业的数据，应用结构方程建模进行模型与数据研究，结果支持该模型。④ K R Krumwiend 主要是基于美国制造业公司的调查，研究组织因素等如何影响 ABC 的十个阶段实现的过程，在更高阶段实施 ABC 时，各因素的重要性就体现出来了。⑤

4. 我国专家学者基于 ABCM 的研究成果

我国著名教授余绪缨从 1993 年起，对 ABCM 相关理论和内容进行了深入的研究，并陆续发表文章，带动起学术界对成本管理这一领域的更多关注和参与。余教授对新管理会计进行了新的框架构建，ABM 被归为这一新的管理体系。⑥⑦ 不久，胡玉明也提出应该把成本计算和作业管理作为一个有机的不可分割的整体。⑧ 王光远在个人著作中明确定义了成本动因、作业和作业链等理论单元，这些术语和名词都是作业会计理论中的重要部分。⑨ 金瑛辉等指出，通过价值链分析能够屏蔽掉生产过程中的非增值部分，认为这

---

① Krumuiede, K. R. ABC wht its tried and hour it succeeds[J]. Management Accounting, 1998, April, 32-39.

② Coopper R, Kaplan R S. How cost accounting distorts product costs [J]. Management Accounting, 1988, 69(4): 24-27.

③ Kaplan R S, Coopper R. Cost and Effect: Using integrated cost systems to drive probability and performance [M]. Havardbusiness school press, 2000.

④ S W Anderson, S M Young. "The Impact of Contextual and Procedural Factors on the Evaluation of Activity Based Costing Systems." Accounting, Organizations and Society (October 1999): 525-559.

⑤ Krumwiend, K. R. The Implementation Stages of Activity-Based Costing and the Impact of Contextual and Organizational Factors. Journal of Management Accounting Research (Fall 1998): 239-277.

⑥ 余绪缨. 以 ABM 为核心的新管理体系的基本框架 [J]. 当代财经，1994（4）：54-56.

⑦ 余绪缨. 简论当代管理会计的新发展——以高科技为基础、同"作业管理"紧密结合的"作业成本计算"[J]. 会计研究，1995（7）：1-4.

⑧ 胡玉明. 作业管理的基本特点及其在管理上的重大开拓性[J]. 当代财经，1994（8）：56-60.

⑨ 王光远. 作业会计的基本概念[J]. 会计研究，1995（7）：5-11.

是采用作业成本法的意义所在。①

赵息与鹿娟研究了 ABCM 在企业决策中的运用问题。②鲍新和张春辉中就关于 ABC 系统的可实施条件进行了细致说明，以及对企业是否具备可实施性进行了分析。③另外，杨世忠认为，作业成本法也可以和目前广泛运用的标准成本法有机结合，带动提高企业绩效。④王建新与杨智研究了基于作业成本信息的产品定价决策的变化与完善日益复杂的产品结构和订单定制生产模式需求的增加，使得产品研发与设计、产品生产和客户服务三个环节更加紧密融合。企业更多生产成本发生在研发设计阶段和客户服务阶段。⑤

2.3.2 ABCM 对企业实践的影响

1. ABCM 对实践有显著影响的研究

Michael 等对 143 家企业进行了细致调查研究，发现大部分企业在生产中运用了 ABCM 的管理，并提高了企业的绩效。⑥通过问卷调查的形式，Kennedy 等总结出了企业实施作业成本法，可以切实提升企业的财务收益和市场价值。⑦Narayanan 和美国钢铁行业的高级管理人员进行多次访谈，均表示 ABCM 为管理带来了很多有用信息，可以帮助企业进行战略管理的优化，改善企业的整体绩效。⑧Nachtmann 对空调制造企业进行研究，发现作业成本法在企业内部被一致认可，其可以提供产品成本的详细信息，帮助相关部门正确判断管理方向和具体内容。⑨Monir Zaman 在对澳大利亚相关企业做绩效评估时发现，由于作业成本法的导入和正确使用，对企业的财务绩效确实发挥了重大的作用。⑩Martijn Schoute 考察过荷兰的 191 家企业，指出企业产品的多样化和作业成本法的导入呈积极的正比关系。以作业成本法为出发点来合理设计成本系统，可以在提高企业绩效的同时，保证产品的多样化生产。⑪在对大量实际案例进行研究后，王平心等应用 ABCM 在西安农机厂进行了深入研究，讨论在现今情况下，ABCM 在我国的应用。⑫潘

---

① 金瑛辉，金占明. 作业成本法与企业绩效测控体系结合的研究[J]. 企业活力，2004（7）：62-63.
② 赵息，鹿娟. 作业成本法、作业成本管理在企业决策中的运用[J]. 西南交通大学学报，2004（5）：46-49.
③ 鲍新中，张春辉. 作业成本法在我国企业的应用条件分析[J]. 技术经济与管理研究，2007（1）：63-64.
④ 杨世忠. 作业成本法下的标准成本系统改造[J]. 财会学习，2012（2）：18-20.
⑤ 王建新，杨智. 智能制造环境下作业成本法的改进与应用[J]. 财务与会计，2021，（17）：70.
⑥ Michael D, Shields. An Empirical Analysis of Firm's Implementation Experiences with Activity-Based Costing [J]. Journal of Management Accounting Research, 1995(7): 148-166.
⑦ Kennedy Tom Affleck. The Impact of Activity-Based Costing Techniques on Firm's Performance [J]. Journal of Management Accounting Research, 2001(13): 19-45.
⑧ Narayanan V G, Sarkar R G. The impact of activity-based costing on managerial decisions at Insteel Industries: a field study [J]. Journal of Economics and Management Strategy, 2002(11): 257-288.
⑨ Nachtmann H, Al-Rifai H. Anapplication of activity based costing in the air conditioner manufacturing industry [J]. The Engineering Economist, 2004(49): 221-236.
⑩ Monir Zaman. The Impact Of Activity Based Costing On Firm Performance: The Australian Experience [J]. International Review of Business Research Papers, 2009(5): 200-208.
⑪ Martijn Schoute. The relationship between product diversity, usage of advanced manufacturing technologies and activity-based costing adoption [J]. The British Accounting Review, 2011: 432.
⑫ 王平心，韩新民，靳庆鲁. 作业成本计算、作业管理及其在我国应用的现实性[J]. 会计研究，1999（5）：44-46.

飞等通过许继电气公司 ABCM 的导入后的改善数据和实例,及其对 ABC 相关软件[①]进行了完善,合理控制了仓储和制造各部门的成本。[②]冯丽霞等通过配对样本的取证调查和分析,也指出企业绩效很大程度上得益于对作业成本法的使用。[③]

2. ABCM 对实践影响不显著的研究

Michael 等通过调研 143 家作业企业,研究发现没有明显收益的企业只有一小部分。[④]Gordon 等使用了配对比较方法,对其中 10 家企业进行了详细观察和分析,发现在企业的收益中,那些超常收益不是作业成本法的功劳,认为企业财务绩效和 ABCM 关系不大。[⑤]Ittner 通过问卷调查,发现作业成本法对帮助企业实现资产收益率的帮助不大。[⑥]在研究企业财务绩效和 ABCM 关系时,Douglass 发现,只有满足相应的前提条件,ROI 和 ABCM 才会体现出正相关性。[⑦]杜荣瑞等研究我国上市公司对 ABCM 导入后发现,实施效果不显著,可能是由我国对其应用的时间短、方法不成熟造成的。[⑧]

2.3.3 ABCM 与标准成本法结合应用研究

根据国内外专家学者的研究,将作业成本法和标准成本法在各自的优缺点上进行了比对分析,研究发现二者结合能够取长补短,为企业生产经营活动提供更真实可靠的财务成本信息。韩伟、齐二石、李钢等研究认为,随着 ABCM 的不断成熟,对于作业成本法适用性问题研究,专家学者已经逐渐形成了一种共识,即将标准成本法和 ABCM 相结合。[⑨]关于标准作业成本研究,对标准作业成本差异分析上也有不少新的观点。牛彦秀、刁志波通过研究高校老师与会计师事务所的合作关系,发现了费用的分配问题,提出了基于作业流程的标准成本法。[⑩]郑筠、文扬提出了基于作业成本法的思想:一种改进的标准成本系统——基于作业成本法体系的标准成本系统。[⑪]20 世纪 80 年代,日本今井正明先生提出了日本企业成本管理的奥秘就是维持标准和改进标准。[⑫]李世新、黄力进、刘斌

---

① 潘飞. 作业成本系统的设计——企业成本管理的模式转换[J]. 审计与经济研究,2008(1):111-113.

② 潘飞,刘婧,童卫华. 作业成本控制销售费用成本化的探索——来自许继电器的实践[J]. 财会通讯,2004(12):11-14.

③ 冯丽霞,杨军波. 实施 ABC 法能提高企业绩效吗——基于 42 家上市公司的配对比较[J]. 财会月刊,2012(8):7-11.

④ Michael D Shields. An Empirical Analysis of Firms' Implementation Experiences with Activity-Based Costing [J]. Journal of Management Accounting Research, 1995(7): 148-166.

⑤ Gordon, L A. Silvester, K. J. Stock market reactions to activity-based costing adoptions [J]. Journal of Accounting and PublicPolic, 1999(18): 229-251.

⑥ Ittner, Christoper D David F Larcher. The Association between activity-based costing and manufacturing performance [J]. Journal of Accounting Research, 2002(3): 711-726.

⑦ Douglass Cagwin, Marinus J Bouwman. The association between activity-based costing and improvement in financial performance [J]. Management Accounting Research, 2002: 131.

⑧ 杜荣瑞,肖泽忠. 管理会计与控制技术的应用及其与公司业绩的关系[J]. 会计研究,2008(9):39-45.

⑨ 韩伟,齐二石,李钢. 成本差异分析与成本动分析的比较研究[J]. 工业工程,2001(4):12-17.

⑩ 牛彦秀,刁志波. 成本管理与核算的新探索——作业标准成本法[J]. 财务与会计,2004(7):22-25.

⑪ 郑筠,文扬. 基于作业成本法的标准成本体系研究[J]. 北京航空航天大学学报(社会科学版),2004(9):62-65.

⑫ 今井正明. 改善:日本企业成功的奥秘[M]. 北京:机械工业出版社 2010.

等提出基于成本标准的制定的需要在进行作业划分时应遵循的原则。[1]欧佩玉、王平心结合我国制造业,对作业基础成本控制的内容和步骤、作业标准的制定、差异分析、作业基础成本控制进行了深入的研究,认为这将是成本控制系统历史发展的必然趋势。[2]徐敏、李中衡在研究作业流程的标准成本法中,认为企业产品成本信息若要达到被真实反映和披露,就必须根据企业生产实际状况,合理归纳变动成本和固定成本。[3]刘晓敏、邓为民等将多阶段的作业成本核算模型作为指导,结合案例,提出了在分配过程中因为多阶段的产生导致差异存在的分析办法,提高了差异分析的针对性和分析结果的相关性。[4]

2.4 基于 LP+IT+ABCM 相融合的成本控制

2.4.1 基于信息化视角

当今 IT 信息技术高速发展,赋予了成本控制新的内涵,为企业内环境与外环境提供了信息交流的平台,为实时和精确成本核算、制定成本标准、传递成本信息和成本分析等一系列成本控制活动提供了基础条件,提高了成本控制的质量和效率。国内外的研究大多从不同行业或成本发展的不同阶段来研究成本控制的现状、方法、目标、内涵、动态、有效性和措施等[5][6]。学术界近年来对成本控制也有了新的研究,如从动态[7]、信息化视角[8]等层面来研究成本控制。

1. 基于 ERP 视角研究成本控制

阎达五、张瑞君教授认为,重构会计理论的框架应分别在时间和空间这两个维度下进行研究。[9]虽说是信息化发展迅速,为企业发展带来时代契机,引进与应用管理软件,但大部分企业也只是在企业应用工资、固定资产、应收应支付等模块。而成本模块实施信息化,需要多个部门综合配合,实施成本较高,对于融资困难的企业开展信息化建设还有一段路程要走。[10]侯跃讨论了 ERP 是通过事先计划与事中控制实现对整个供应链的有效管理的,可最有效利用企业资源,从而实现企业价值的最大化。[11]Gattiker 研究认为,ERP 是非常适合提供生产和营销一体化的,也就是制造生产和营销之间的相互依存关系

---

[1] 李世新,黄力进,刘斌. 基于作业标准成本的定制化产品成本估算方法[J]. 统计与决策,2005(1):137-138.
[2] 欧佩玉,王平心. 作业基础成本控制研究[J]. 中国软科学,2012(1):109-112.
[3] 徐敏,李中衡. 以作业为基础的标准成本控制系统[J]. 经济管理,2008(9):93-96.
[4] 刘晓敏,邓为民,刘其智. 作业成本管理中的差异分析[J]. 管理评论,2003(2):27-31.
[5] 高秀明. 对企业成本控制的有效探究[J]. 商业经济,2012(12):48-49.
[6] Li X N, Chai T Y. Dynamic cost control method in production process and its application. 15th IFAC World Congress, Barcelona. 2002.
[7] 孟凡生,张高成. 双重动态成本控制机制研究[J]. 会计研究,2011(11):78-82.
[8] 郭春明. 制造业企业产品全生命周期成本控制——信息化背景下的思考[J]. 机械制造,2008(3):1-4.
[9] 阎达五,张瑞君. 会计控制新纶——会计实时控制研究[J]. 会计研究,2003(3):3-9.
[10] Benjaoran V. A cost control system development: A collaborative approach for small and medium-sized contractors [J]. International Journal of Project Management, 2009, 27(3): 270-277.
[11] 侯跃. SAP ERP 系统与 MES 系统集成方案研究[J]. 信息通信,2012(5):149-150.

越紧密，实施 ERP 系统所带来的企业价值就越大。①

2. 基于 MES 视角研究成本控制

生产制造执行系统（Manufacturing Execution System，MES），是连接底层控制系统与上层管理的桥梁，主要作用是实现生产管理、生产调度和执行调度任务。②③MES 基于目标市场状况和企业产品销售计划制订生产车间作业计划，并下达到生产现场工作中。生产作业计划内容有原材料和机物料种类、数量和标准清单、生产产品数量、产品完工期限和生产工艺设计要求等生产数据信息。④MES 在表现形式上，通过系统集成功能实现上下层之间生产数据传递，服务于生产经营活动。⑤⑥⑦汪路明通过对 MES 在企业集成制造系统中的应用研究，提出了制造企业基于 MES 的实时成本控制模式构造及实现途径和方法。⑧

企业信息化集成运用现代管理技术、信息技术和自动化技术，实现了信息流、物流和资金流同业务流程的统一，及时为企业的决策层、战略层和战术层提供准确而有效的信息数据，增强了企业的核心竞争力。⑨MES 依靠信息之间的传递，自下达订单至产品完成的整个生产过程来合理地进行优化，当生产产品进行时，MES 能实时处理业务，实时传递信息。⑩日本高端制造业通过大量引入先进制造技术及其生产设备，以及改进产品结构和工艺路线，提升了企业核心竞争力。⑪Mueller 认为，信息技术改变了信息的基本结构，改变了人们获得信息的时间和空间及其成本。⑫

3. 基于 IT 平台内各系统相融合视角研究成本控制

付海波、夏光蔚等通过分析和描述数字制造中 ERP/PDM/MES/PLC 的信息集成问

---

① Gattiker T. Enterprise resource planning (ERP) systemsand the manufacturing-marketing interface: an information-processing theory view. International Journal Of Production Research. July 2007, 45(13): 2895-2917.

② P Rajagopal. An innovation diffusion view of implementation of ERP systems and development of a research model [J]. Information & Management, 2002(40): 87-144.

③ L M Hirt, D J Wu, X Zhou. Investment in enterprise resource planning: Business impact and productivity measures [J]. Journal of Management Information System, 2002, 19(1): 71-98.

④ A H Dogru, M M Tanik. A Process Model for Component-Oriented Software Engineering [J]. IEEE software, 2003, 20(2): 34-41.

⑤ S Chung, M. Jeng. Fabulous MES and C/Cs [J]. IEEE Robotics and Automation Magazine, 2004, 3(4): 8-18.

⑥ D J Adler. Does a Manufacturing Execution System Reduce the Cost of production [J]. ISA Transaction, 1995, (34): 335-340.

⑦ F T Cheng, E Shen, J Y Deng, et al. Development of a System Framework for the Computer-Integrated MES: A Distributed Object-Oriented Approach [J]. International Journal of CIM, 1999, 12(5): 384-402.

⑧ 汪路明. 流程制造企业 MES 系统的实时成本控制模式的研究[J]. 中国管理信息化，2006（10）：3-5.

⑨ 熊励，李昱瑾. 企业信息化融合——基于 SCM、ERP、CRM 集成[M]. 北京：清华大学出版社，2012：2-6.

⑩ MESA International. MES Explained: A High Level Vision[S]. Pittsburgh: Manufacturing Execution Systems Assoc, 1997.

⑪ Hofmann C, Orr S. Advanced manufacturing technology adoption: The German experience [J]. Technovation, 2005, 25(1): 711-724.

⑫ Mueller M, Tan Z. China in the Information Age: Telecommunications and the dilemmas of Reform[R]. //Zixiang Alex Tan. Product cycle theory and telecommunications industry-foreign direct investment, government policy, and indigenous manufacturing in China. Telecommunications Policy, 2002, 26(1-2): 17-30.

题，阐述了制造企业信息集成就是 ERP/PDM/MES/PLC 的无缝集成。①高远飙、刘仁金研究了 ERP 与 MES 的功能模型框架，分析了钢铁企业二者的集成方法，结合某钢轧厂的实际情况，提出了二者的集成方案，设计了接口系统，并将整个接口系统分为生产计划与控制、物料管理、销售与分销、质量管理四个模块，有效地解决了二者信息的交流问题，提高了集成系统的实时性、灵活性，以及生产线的运行效率。②由此可见，通过与计划层 MES 与控制层 PLC（过程控制系统）的信息交互，可实现企业信息的集成。③

2.4.2　基于 LP+ABCM+IT 视角研究成本控制

随着时间的推进，LP/IE、ABCM 与 IT 平台系统得到迅速的发展。国内外专家学者和实务工作者开始从不同的视角研究管理技术、控制方法与信息技术集成融合的问题。

魏法杰提出了 IE（LP 是 IE 应用的延伸和再发展）+ABC 的成本控制系统，通过对车间作业单元的梳理，划分了不同层次的作业，能够快捷地获得成本和追溯成本信息，并通过实例验证了这种方法的有效性。④Powell 等学者对精益生产和 ERP 的实施过程进行了研究，指出以 ERP 为基础来建立精益生产的实施过程模型，有利于这种生产控制模式在企业中的推广应用。⑤Powell 等学者提出了精益生产和 ERP 未来结合的趋势，主要集中在六个方向：二者结合促进企业争取竞争优势、未来二者进一步结合的研究和应用、拉式生产和电子看板集成化搭建平台的研究、对精益生产的辅助功能研究、将精益企业进一步扩展的体系化研究以及智能计划信息实时性的研究。⑥Anderson S W 从 1986 年到 1993 年提供了一个结构化的实验，美国的通用汽车公司设计一个框架对 ABC 实现和评估影响因素的假设，研究发现 ABC 成功实现由信息技术和引导组织变革，通过采访、档案记录、直接观察和分析这些主要方法收集数据。⑦Russell Shaw 利用 ERP 厂家对 ABC 整合的观察数据，认为 ERP 和 ABC 是一种相互协调促进的合作关系。⑧滕晓梅通过研究东风悦达起亚汽车公司指出，要实现精益生产，不仅需要将现代化的成本管理理念和信息管理系统进行集成融合，还要有现代化的自动化系统进行保证。⑨常丽对大连起重集团的 SAP 系统 ABC 实施进行了有益探讨。⑩张瑞君、殷建红从企业集团财务管理面临的挑

---

①　付海波，夏光蔚，胡冰. 基于 ERP/PDM/MES/PCS 的数字制造系统信息集成研究[J]. 制造业信息化，2009（4）：6-9.
②　高远飙，刘仁金. ERP 与 MES 集成技术及其应用研究[J]. 计算机应用与软件，2009（9）：69-75.
③　Amber Computer System Inc. Integratable MES the challenge and the opportunity, advanced manufacturing research consulting [EB/OL]. http://www.amrc.com/, 1999.
④　魏法杰. 车间成本控制——IE+ABC 方法的应用研究[J]. 中国管理科学，1998(6)：28-36.
⑤　Powell D, Alfnes E, Strandhagen J O, et al. The concurrent application of lean production and ERP: Towards an ERP-based lean implementation process [J]. Computers in Industry, 2013, 64(3): 324-335.
⑥　Powell D, Riezebos J, Strandhagen J O. Lean production and ERP systems in small-and medium-sized enterprises: ERP support for pull production[J]. International Journal of Production Research, 2013, 51(2): 395-409.
⑦　A S. W. "A Framework for Assessing Cost Management System Changes: The Case of Activity-Based Costing at General Motors, 1986-1993." Journal of Management Accounting Research (Fall 1995): 1-51.
⑧　Russell S. ABC and ERP partners at last [J]. Management Accounting, 1998 (11): 56-58.
⑨　滕晓梅. 精益生产模式下的成本管理信息化实施——以东风悦达起亚汽车公司为例[J]. 经济管理，2009（7）：73-78.
⑩　常丽. SAP 系统与企业产品成本实时管理控制的对接——基于大连重工·起重集团信息化管理的实践[J]. 财务与会计，2009（8）：12-14.

战的视角，研究了信息技术与管理融合，探讨了财务集中管理模式的构建思路。[①]

通过文献的梳理，发现目前的研究只是对 LP、ABCM 与 IT 两两结合的财务研究，三者结合的理论及其实践还有待后续研究。

2.5 智能制造与成本管理

2.5.1 智能制造的发展

目前，随着智能制造应用领域的不断扩展延伸，智能制造业的理论深度正在不断发展，而关于智能制造理论的观点也众多。智能制造不仅能够带动企业商业模式和经营模式的变革，还能带动企业组织变革，其通过智能制造技术与价值链的各个运营管理环节进行结合来实现高效生产运营。刘建丽等提出，智能制造技术能够推动智能产品的发展。随着新一代信息技术的迅速发展，例如大数据、人工智能的发展和不断升级，企业核心竞争力的关键是拥有先进智能制造技术。智能制造技术能够带动企业产业升级，因此相关应用群体不断涌现，尤其是与新信息技术深度融合的新一代智能产品。[②]基于以上观点，智能制造的意义可归纳如下：通过将智能技术应用于制造过程，对生产环节进行技术提升和改造，开发以成本控制为导向的运营管理系统，通过以上一系列的措施来优化生产流程、提高生产效率、降低生产成本。

我国进入 21 世纪以来，随着环境资源压力和劳动力成本的上升，制造业发展受到限制。为了实现智能制造产业升级，先进的智能制造执行系统是必不可少的。随着智能制造相关技术（互联网、云计算、物联网）的成熟，先进的智能制造系统也应运而生。为了更好地利用智能制造的智能化、实时化和网络化的特征，必须要拥有先进的生产管理系统。大多数智能制造生产管理系统是在传统 MES 的基础上，在车间对排产、报工、质量、生产等业务流程进行数字化，再通过 ERP 向上拓展，将同层与业务层垂直打通，解决管理层与执行层无法有效衔接的问题，是生产和智能化管理的重要支撑。将 MES、物联网、大数据等技术结合，为制造业提供柔性生产力转型和前瞻性智能化工厂解决方案，整合设备层的工业数据，搭建智能化工厂，实现工厂智能制造背景下公司价值链成本管理研究车间数据可视化、生产流程透明化，实时远程跟踪和实际制造过程控制，有效提升制造产能，全面实现智能制造生产管理理念。

付宁宁等研究了 DEA 模型和 Tobit 回归方程来测算智能制造企业的创新效率及其影响因素，结果表明，我国智能制造企业的创新效率呈逐年上升趋势，但涨幅较小，还存在很大提升空间。[③]黄群慧提出制造业发展正面临内外部的"双向压迫"：国内方面，随着中国经济进入新常态，人口红利褪去与要素成本上升导致传统比较优势持续弱化，粗

[①] 张瑞君，殷建红. IT 与财务大融合时代——企业集团财务管理模式创新[N]. 中国财经报，2004-01-30（5）.
[②] 刘建丽，李娇. 智能制造：概念演化、体系解构与高质量发展[J]. 改革，2024，（02）：75-88.
[③] 付宁宁，苏屹，郭秀芳. 基于两阶段超效率 DEA 的智能制造企业创新效率评价[J]. 科技进步与对策，2024，41（10）：67-77.

放型的发展方式已经难以为继，中国制造业的发展迫切需要寻求新的发展动力；国际方面，以互联网、大数据、人工智能等新一代信息技术为核心的"第四次工业革命"方兴未艾，智能制造正在引领制造方式变革和制造业产业升级。①马鸿佳等研究发现，智能制造平台价值共创包含互补企业价值共创和用户价值共创两个关键维度；人工智能自主可控性和交互可控性对数字化转型绩效具有显著的正向影响，智能制造平台价值共创在其中发挥中介作用。②

2.5.2 智能制造背景下的成本管理研究

基于智能制造形势，赵少华、谢富纪③对中国制造业开始向企业价值的产业链前端转移进行了研究。此外，通过构建信息化平台系统，实现了信息互换、数据交换、双向交流的良好局面。权小锋等机理分析发现，智能制造主要通过优化企业资源配置效率和提高企业信息处理能力等抑制企业成本黏性。④模式解构发现，相比协同式智能制造模式，生产式智能制造模式（离散型智能制造和流程型智能制造）更能有效抑制企业成本黏性。钱雨通过案例研究，分析了智能制造成本管理的转型升级是如何实现的，企业成本管理模式转型升级后供应链的运行效率会得很大的提升，制造业的工序流程将会大大简化，从而生产成本也将随之降低。冯圆⑤认为，智能制造与成本管理进行融合，能够有效促进成本管理的积极作用，两者融合后成本控制效率和智能制造的优势方能凸显出来。周荣森⑥表示，智能制造日益普及，已经成为新的发展趋势，企业成本管理也应紧跟其发展，通过对"传统制造模式"和"互联网+"智能制造模式的成本结构的比较，发现"互联网+"智能制造模式对成本管理的影响主要有定价、材料周转情况和生产稳定水平。在智能制造背景下，中国制造逐渐向价值链的前端和后端进行转移，因此成本管理应该具有全局意识。

2.6 研究评述

纵观国内外成本控制的研究成果，从理论、方法、应用实践及其相关领域的研究，都取得了显著的成绩。成本控制理论来源于生产实践，同时用于指导实践，效果非常显著。针对成本控制这一学术研究的范围、构成、方法方式、内容、技术等，很多学术界的专家学者都进行了深入的讨论。成本控制理论随着社会的变迁和管理思想的演变而在深入发展。同时，如精益生产、信息科学、系统学等学科也为成本控制研究提供了方法

---

① 黄群慧. 《中国制造业发展研究报告 2019:中国制造 40 年与智能制造》书评[J]. 经济学动态，2019（11）：156-157.
② 马鸿佳，林樾，苏中锋，等. 人工智能可供性、智能制造平台价值共创与制造企业数字化转型绩效[J/OL]. 中国工业经济，2024，（06）：155-173.
③ 赵少华，谢富纪. 智能制造对中国制造业企业全球价值链分工的影响[J/OL]. 科学学研究，1-17[2025-03-23].
④ 权小锋，李闯. 智能制造与成本粘性——来自中国智能制造示范项目的准自然实验[J]. 经济研究，2022，57（04）：68-84.
⑤ 冯圆. 智能制造与成本管理：融合与创新[J]. 新会计. 2016，（05）：6-11.
⑥ 周荣森. "互联网+"智能工业模式的成本结构变动及其价格策略研究[J]. 价格理论与实践，2015（08）：106-108.

和思路,为成本控制的进一步研究打下了坚实的基础。但同时也可以看出,在成本控制理论发展的每一个不同阶段,国内外成本控制理论和方法的发展水平还存在一定差距和不足,具体表现在以下几个方面。

1. 国内外成本控制理论研究水平不均衡

上述研究发现,国外成本控制每一发展阶段的研究成果都有一定的理论和相应的方法产生,并随着社会的进步、生产的发展在逐步完善成本控制理论和方法体系。而我国现代成本控制的研究虽然也有一定的进展,以及引进并借鉴国外成熟的成本控制理论与方法用于指导企业成本控制实践,切实取得了一定的成效并且不断发展和创新,但成本控制体系还需要继续因地制宜地完善和创新。

2. 精益成本控制模式需要系统开发

通过梳理研究国内外有关精益管理的相关文献,发现这些研究在相关精益理论和实践方面都取得了一定成果,可以说初步建立了精益成本管理体系,但一些现有的精益管理思想还相对局限在理论层面,精益成本控制模式的建立也仅限于宏观层面。如何有效地将企业战略、竞争策略、企业文化、成本分析、流程改善、绩效考核、财务管理、利润中心模式有机融合在一起,如何将管理会计成本核算与控制方法及精益改善成本的工具融为一体,都是精益成本控制模式需要进一步深入研究的问题。

3. 继续完善和发展 ABCM 理论与实践应用

国外学者对作业成本法的研究比较早,理论和实践研究相对比较成熟,从定性和定量的角度对作业成本法的落地实施进行了探讨。在研究 ABCM 时,基本针对具体案例进行实地调研、问卷调查、网络调研及其访谈等。国内学者对作业成本法和作业管理理论基本达成一致看法,认为其与传统成本体系相比更具优势。随着我国经济的发展,作业成本法在我国企业实施的条件也日趋成熟。但国内学者的研究基本采用规范性研究,即使做案例研究也只是对某个具体企业而言,对 ABCM 的实施进行理论性验证。

4. 实时成本控制有待于深入研究

实时成本控制研究融合了成本管理学、计算机技术、信息技术与管理科学等理论知识,对研究者的层次水平要求较高。目前国内外基于制造生产过程的实时成本控制理论研究较少,同时,成本数据对于企业来说较为敏感,在研究中获得企业相关的实时成本数据以及成功的研究案例不多。在"互联网+"时代,实时成本控制的理论和模型、方法、影响因素和应用有待理论界和实业界深入研究。

2.7 本章小结

第一,研究了成本控制理论。成本控制随着商品经济及其理论的产生和发展,也从萌芽状态发展到有规律可循的途径、方法和标准等。根据企业环境的变迁和管理思想演变,本书将成本控制方法划分为经验管理、科学管理、目标管理和战略管理四个阶段研究。经过理论界和实务界的共同努力研究,成本控制理论和方法体系日臻成熟。

第二,研究了精益生产理论。制造业引入精益生产,促进了成本控制的实施;通过对文献的梳理，发现国内外学者对精益思想、精益管理等方面进行了深入研究，并已经取得了一系列研究成果；精益理念与思想在企业生产活动实践中降低成本、创造利润发挥了重要作用。研究了 ABCM 理论与应用，发现国外理论与实践的研究趋于同步进行；而我国学者研究基于理论层面的偏多，这主要是和我国企业长期采用传统的成本核算方法有关；对 ABCM 在企业实践中的作用是否明显也进行了梳理；分析了作业成本法和标准成本法结合的必要性。

第三，通过梳理文献发现，IT 信息技术的高速发展为实时和精确成本核算及成本控制提供了实施条件。学术界近年来也从动态、信息化等视角研究成本控制，目前的研究只是对 LP、ABCM 与 IT 两两结合进行了初步研究，三者结合的理论及其实践探索还有待于后续深入研究。

第四，智能制造企业实时成本控制是提高企业经济效益和竞争力的重要手段。通过采用精益生产、成本核算、优化生产流程、价值工程、采用新技术等方法，并结合实时成本控制技术，企业可以更加有效地控制和降低生产经营过程中的各项费用。未来，随着技术的不断进步和应用的不断深入，智能制造企业实时成本控制将会面临更多的机遇和挑战，企业需要不断优化成本控制方法和实践，以适应市场的变化和发展。

第3章　智能制造企业实时成本控制实施现状与问题

3.1　实时成本控制实施现状问卷调研

本节通过实地考察、问卷调研和网络调查等方式，对我国现代制造企业实时成本控制实施条件加以分析，进而考察我国实时成本控制现状以及探讨成本控制存在的问题。

3.1.1　基于"两化融合"问卷调研的成本管控背景分析

"两化融合"是指信息化和工业自动化发展到一定阶段，不再是相互独立发展、单方的带动和促进关系，而是在技术、产品、管理等各个层面相互融合，彼此不可分割。两化融合是工业化和信息化发展到一定阶段的必然产物。

工信部确立了"系统推进、多维推进、关键突破"的总体思路，即宏观、中观、微观，也就是线（行业）、面（地域）、点（企业）的三级推进思路。在企业这个层面上，有三个目标，第一是在信息化的基础上，提升企业自身的创新能力，通过两化融合在技术、商业模式、资源利用、扩展企业影响力和竞争力上建立创新体系；第二是降低成本，提升效率；第三是可持续、低碳和绿色发展制造企业。

目前，我国专家学者研究多集中在宏观层面、中观层面，而研究微观层面也就是深入到企业层面较少。周剑在两化融合构建的管理体系中指出，企业推进两化融合需要技术创新和管理创新，把新型能力作为打造信息化环境的主线，如成本控制能力、质量保证能力、市场响应能力、研发创新能力等这些能影响到企业竞争优势的新型能力，打破企业生产中的壁垒，更好地为客户创造价值，最大程度地满足客户需求，快速响应市场动态变化。[①]以信息化提升工业自动化，可以保障精益生产有序进行和均衡生产规范，有助于集成和优化企业的生产流程和生产管理。[②]

本书基于微观层面的两化融合及其与企业管理基础展开研究，两化融合与管理基础是紧密联系、相互支持和相互依赖的；两化融合需要有管理基础作为依托，企业管理需要两化平台作为支撑。由于成本管控成为企业管理的重中之重，所以两化融合也是制造企业实施成本控制的基础条件。

3.1.2　调查问卷的设计和调查企业基本情况

两化融合在企业战略的支持下，由信息技术和自动化技术集成，把企业发展的战略、

---

① 周剑. 两化融合管理体系构建[J]. 计算机集成制造系统，2015（7）：1915-1927.
② 李君. 让两化融合战略根植于工业企业[J]. 信息化建设，2014（2）：46-48.

信息化和自动化系统、管理工具、企业标准等与企业的业务深度融合，实现企业内外协同发展，同时为提高实时成本控制提供了保障。胥军从产业角度进行研究，认为制造企业信息化通过不断融合信息技术、工业自动化技术、现代管理技术与制造技术，改善企业的生存环境和经营管理状况，不断优化产业结构，实现产业转型和升级。①许轶旻通过对基础设施、信息产业政策及其支持环境的研究，构建了"两化"融合发展的理论框架和两化融合的影响因素模型，并进行了实证研究，为战略的制定提出了建议。②通过对京津冀地区98家制造企业的问卷调研，对调研数据进行整理后，应用灰色评价理论重点研究了两方面的内容：两化融合对成本管控对接能力的影响程度评价，对成本管控对接效果的评价。

1. 问卷设计

本调查问卷设计客观合理，通过对已有相关文献进行大量查阅和梳理，及与信息化领域、管理会计领域的专家以及制造企业信息化工作者和成本会计人员的深入交流和访谈，设计了"制造企业两化融合应用及其对成本管控的影响情况调查问卷"，并确定了"两化"集成应用对成本管控对接影响的评价指标体系。

问卷调查设计是严格按照要求逐步完成的。首先，详细阅读了大量国内外相关研究文献及其问卷调查相关事项，初步形成了问卷的初稿；其次，通过与制造企业管理会计专家和信息化专家进行多次交流，对容易产生歧义的事项、过于专业的学术语言及其措辞进行了细致的修改；第三，选择具有代表性的多家制造企业对问卷进行了初步填写，经过对这些问卷的综合分析，修改和完善了本问卷。

问卷主要采取直接实地调研和电子邮件的形式进行发放和回收。问卷发放、回收数量统计情况如表3-1所示。

表3-1 问卷发放、收回数量统计表

发放问卷数量	收回问卷数量	回收率	有效问卷份数	有效回收率
200	145	72.50%	98	67.59%

2. 调查企业的基本情况

本次问卷调查对象主要是京津冀地区典型的制造企业，涵盖了国有或国有控股企业、集体企业、民营企业、中外合资企业、外商独资企业等企业类型，如图3-1所示。企业规模分布如图3-2所示，所涉及行业涵盖了电子设备、通用设备、专用设备、纺织、机械、仪器仪表、化学原料及制品、石油加工、食品、医药、水泥等。填写问卷的人员主要是了解企业的生产经营状况、信息化程度和成本管理的企业财务主管、成本主管、生产主管和信息化主管。调查结果具有一定的普适性。

---

① 胥军. 中国信息化与工业化融合发展的影响因素与策略研究[D]. 武汉：华中科技大学，2008.
② 许轶旻. 信息化和工业化融合的影响因素研究[D]. 南京：南京大学，2013.

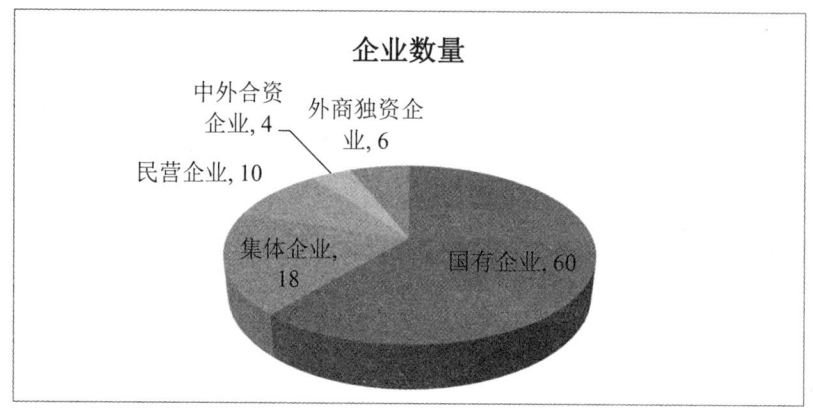

图 3-1　问卷调查企业类型分布状况

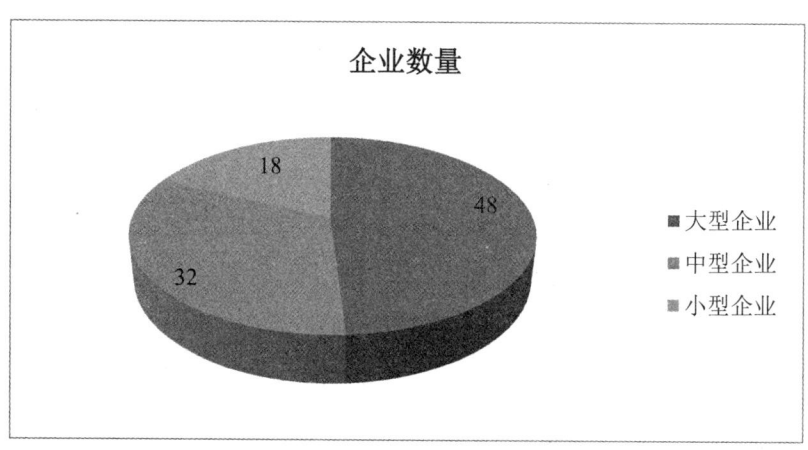

图 3-2　问卷调查企业规模分布状况

3.1.3　实时成本控制的实施现状

对企业进行问卷调研，如企业高管和员工对信息化的意识、两化融合与成本管控对接情况、IT 信息化平台集成的系统、企业生产线柔性情况等现状，对实时成本管控重要性的认识等进行初步分析，具体实证分析参见本章第 3.2 节内容。另外，对企业进行实地考察、网络调查和文献梳理，发现现行成本核算、分析与控制的方法多数还是采用传统的方法。

1. 问卷调研基本情况

（1）企业高管和员工对信息化的意识。

从图 3-3 可以看出，企业高管和员工都有极高的企业信息化意识。

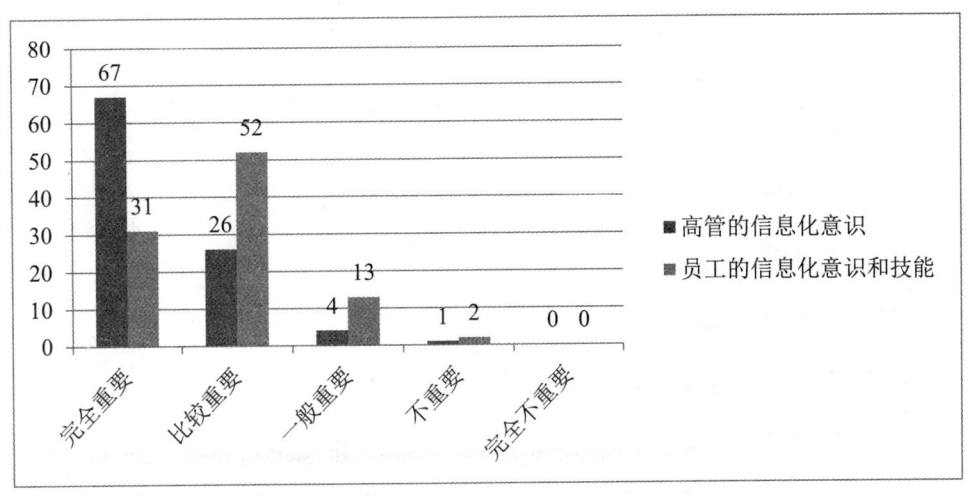

图 3-3　企业高管和员工对信息化的意识

（2）企业实施两化融合与成本管控对接情况。

通过对问卷调研结果统计，调研企业实施两化融合与成本管控对接阶段上，实际上这也是企业两化融合的目前状况，被调研的企业中处于起步阶段、局部应用、综合应用、深度融合这几个方面的比例如图 3-4 所示。由此可以看出，我国企业的两化融合还需要继续前行。

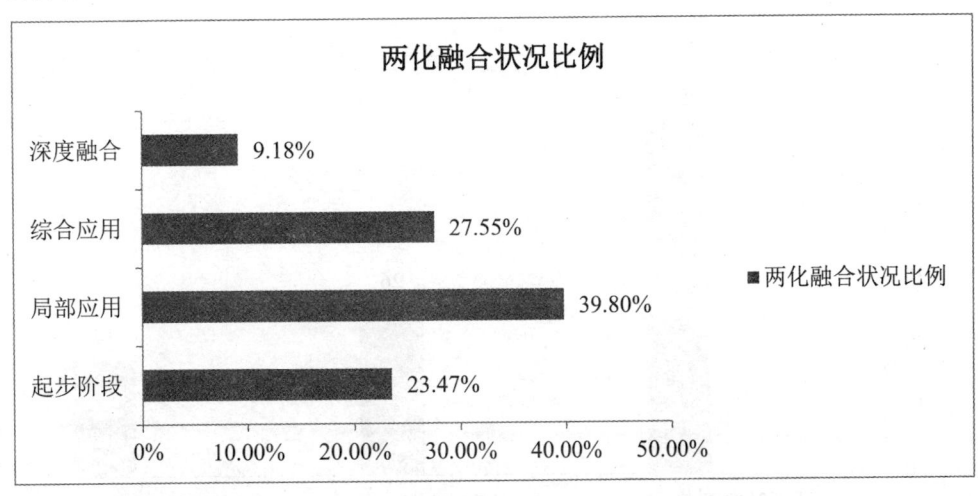

图 3-4　调研企业实施两化融合与成本管控对接阶段情况

（3）系统集成情况。

通过对问卷调研结果的统计，调研企业实施两化融合与成本管控在集成系统 ERP、MES、DCS、OA 中的情况，如图 3-5 所示。

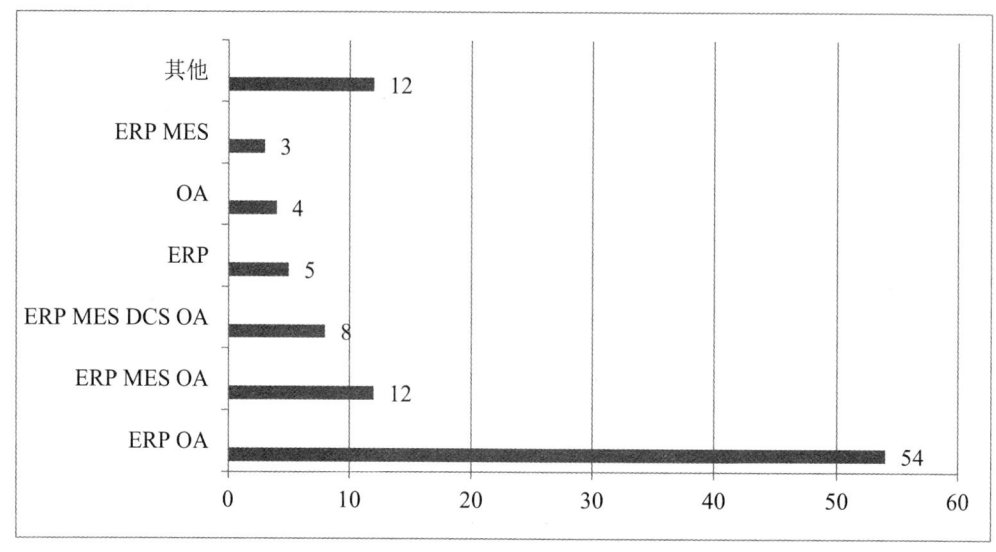

图 3-5 "两化"与"成本管控"集成的系统情况

(4) 调研企业生产线柔性的情况。

通过对问卷调研结果的统计,调研企业生产线柔性的情况主要从以下三方面考虑:企业实行多品种小批量生产,可按需要随时进行改变;企业批量生产较大,调整时间较长;企业实行大批量生产,不需要调整等情况,如图 3-6 所示。

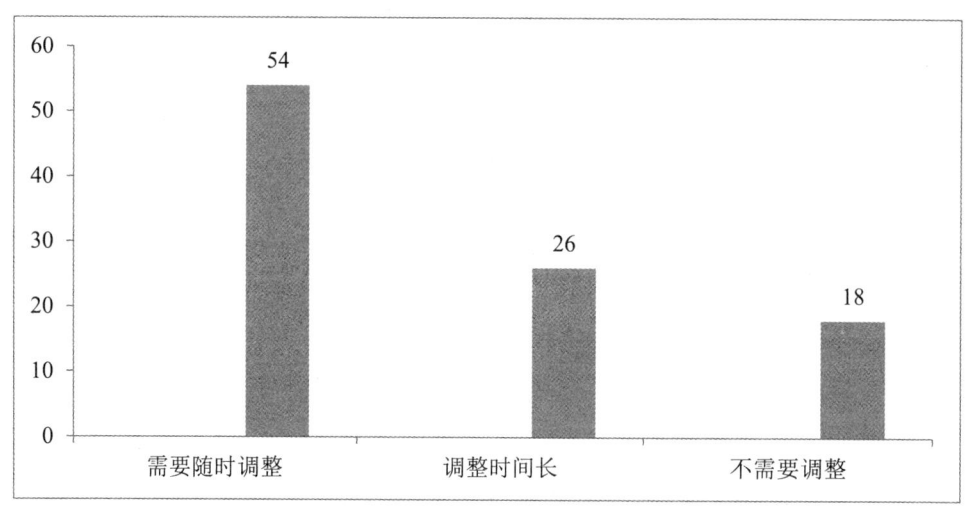

图 3-6 调研企业生产线柔性的情况

(5) 调研企业财务软件的使用情况。

通过对问卷调研结果的统计,调研企业财务软件的选择情况,如图 3-7 所示。

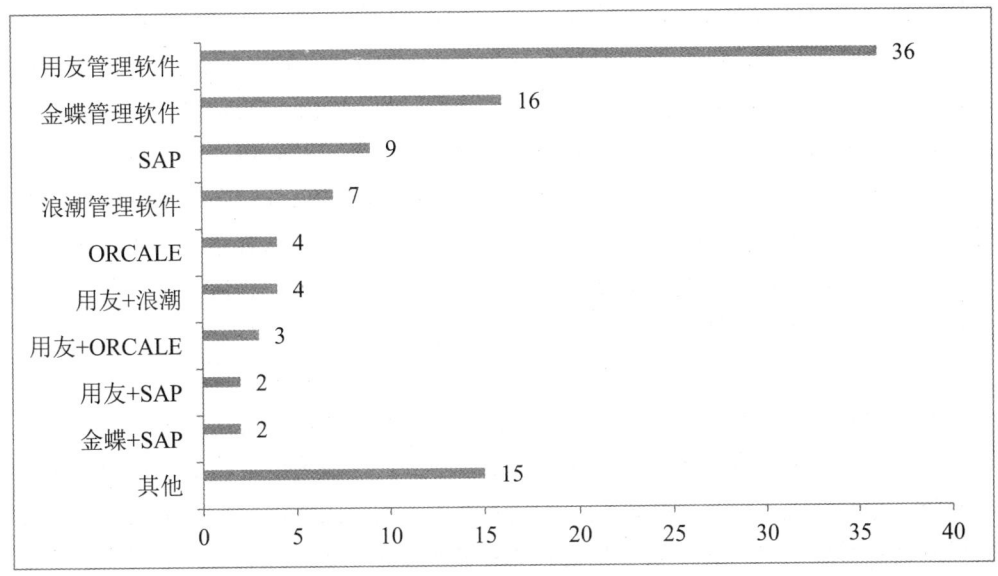

图 3-7 调研企业财务软件的使用情况

(6) 两化融合对成本管控等的影响问题。

问卷中针对显著提高成本管控水平、显著提高实时成本控制以及有助于成本利润分析从而制定战略等,被调研的企业基本上也是被认可的,尤其是对两化融合与实时成本控制水平显著提高方面的肯定。如图 3-8 所示。

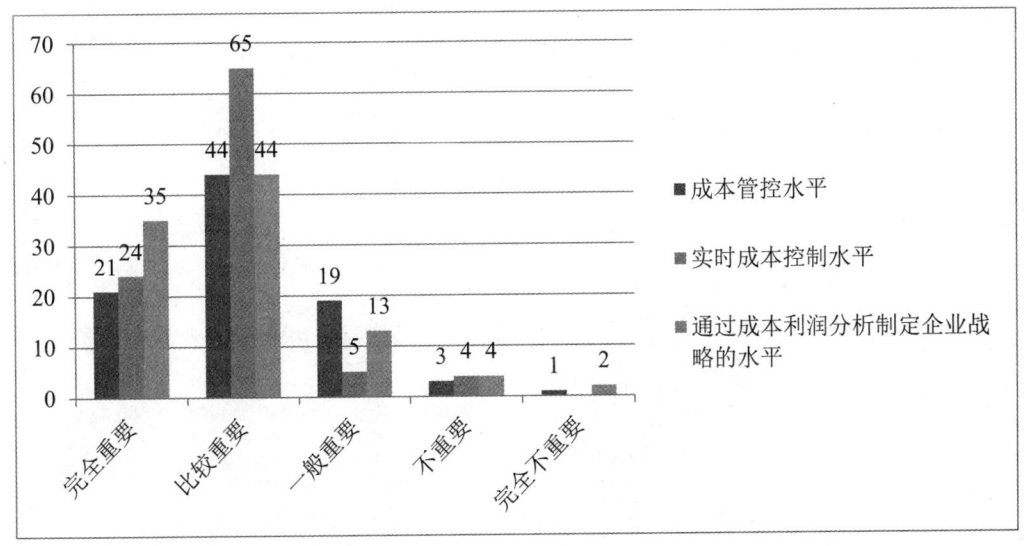

图 3-8 两化融合对成本管控等的影响

(7) 总结。

本问卷调研企业均为典型的制造企业,具有一定的代表性。企业类型涵盖了国有企业、集体企业、民营企业、中外合资企业和外商独资企业,企业规模分布为大型、中型和小型。调研企业高管和员工认识基本一致,企业需要信息化;两化融合与成本管控对接情况符合我国目前的现状,企业都已步入信息化建设当中,其中起步阶段的占20%左右,局部应用和综合应用的占70%左右,深度融合的接近10%;"两化"系统集成中,基本符合融合状况,ERP和OA运用得最多,企业都意识到了利用信息化手段的重要性;在企业生产柔性问题上,大部分企业是多品种小批量的,随时可调整,符合现在客户追求个性化的市场规律;在财务软件的选择上,对用友管理软件和金蝶管理软件的选择超过一半以上,占据了软件的"半壁江山";在两化融合对成本管控水平、实时成本控制和有助于成本利润分析从而制定战略等问题的影响上影响显著。总体来说,我国制造企业两化融合正在有条不紊地推进。

2. 目前企业成本核算与控制方法

通过问卷调研和实地考察研究分析,由于目前市场环境的变化,制造企业以多品种小批量的生产居多,生产环节多成本对象复杂,人们对成本信息的要求也越来越高,成本归集、分摊与成本控制难度较大,传统成本控制的模式难以满足成本信息使用者对相关成本信息时效性的需求。[①]随着信息技术在企业中的普遍应用,在一定程度上改变了企业的管理模式,但就制造业实时成本控制管理而言,企业并没有实现新的转变,大部分制造企业仍采用传统的成本核算与控制方法,所以成本控制相对薄弱。传统成本核算与控制系统如图3-9所示。

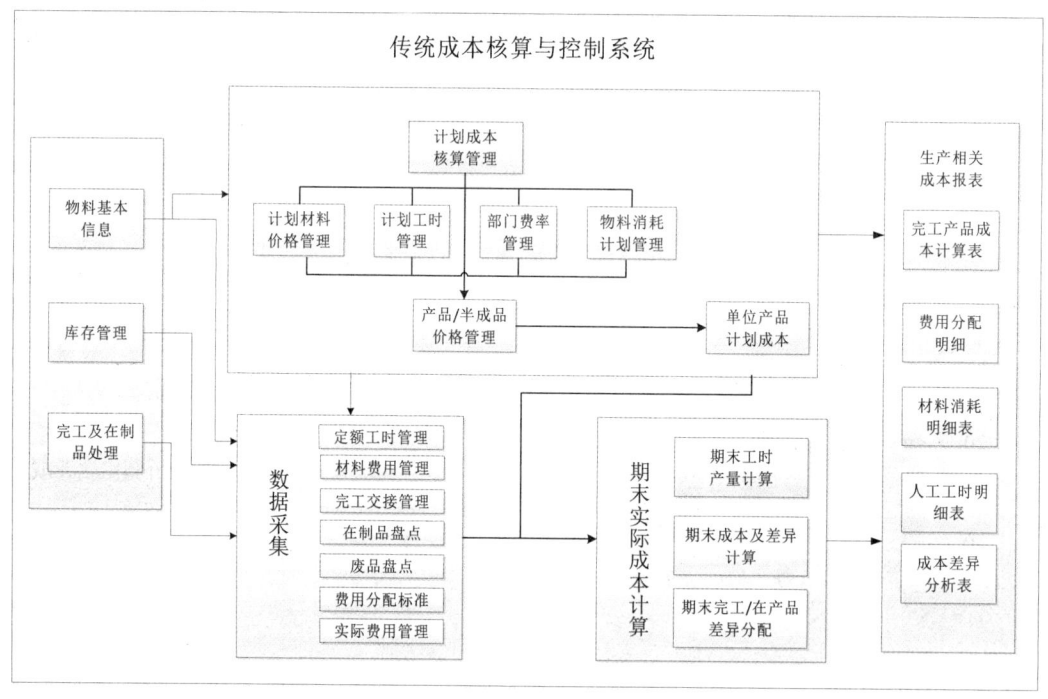

图3-9 传统成本核算与控制系统

---

① Macarthur John B, Waldrup Bobby E. Discovering Mutual Supplier and Distributor Enhanced Profitability Through Industry Supply-chain Collaboration [J]. Corporate Accounting & Finance, 2006, 18(1): 53-57.

3.2 "两化融合"对成本管控影响的实证研究

3.2.1 基于灰色优势模型的"两化融合"评价及指标体系的构建

关于评价方法的选择，常用指标权重确定的方法有很多，如专家调查法、层次分析法、熵值法、粗糙集法、向量相似度法等，各自有不同的优缺点和适用范围。本书选择基于灰色关联度分析法，该方法确定权重指标能够排除人为的主观因素影响，使评价结果更加客观、科学、合理。

1. 两化集成评价灰色优势模型

灰色关联度是一种灰色系统分析方法，其基本思想是研究系统各级指标体系间关系的影响程度，以分析系统中主行为序列和相关行为序列曲线的几何相似程度，来判断其联系紧密度和影响程度。[1][2][3][4]

Step1：原始数据参数列 $x_0(k) = (x_0(1), x_0(2), \cdots, x_0(n))$，$M$ 个比较列为：

$$x_1(k) = (x_1(1), x_1(2), \cdots x_1(n))$$
$$x_2(k) = (x_2(1), x_2(2), \cdots x_2(n))$$
$$\cdots$$
$$x_m(k) = (x_m(1), x_m(2), \cdots x_m(n))$$

公式（3-1）

Step2：对原始数据进行均值法或初值法无量纲化计算。

Step3：求参考数列 $y_0(k)$ 与比较数列 $y_m(k)$ 之间的差别 Δt。

$$\Delta_1 = |y_0(k) - y_1(k)| = (\Delta_1(1), \Delta_1(2), \cdots \Delta_1(n))$$
$$\Delta_2 = |y_0(k) - y_2(k)| = (\Delta_2(1), \Delta_2(2), \cdots \Delta_2(n))$$
……

Step4：分别求两个差别 Δt 的最小值和最大值。

Step5：代入公式求关联系数。

$$E_i(t) \frac{\min(\min(\Delta_i)) + P\max(\max(\Delta_i))}{\Delta_i(t) + P\max(\max(\Delta_i))}$$

公式（3-2）

式中 $P[0,1]$ 为分辨系数，取为 0.5，$i = 1, 2, \cdots, m, t = 1, 2, \cdots, n$。

Step6：求灰色关联度 $r_i = \frac{1}{n}\sum_{t=1}^{n} E_i(t)$。

从系统工程的视角出发，在灰色关联度分析模型基础上，构建灰色优势分析模型，主要解决当参考数列和被比较数列不止一个时的系统行为分析问题。

---

[1] 谭学瑞, 邓聚龙. 灰色关联分析:多因素统计分析新方法[J]. 统计研究, 1995（3）: 46-48.
[2] 施红星, 刘思峰, 方志耕等. 灰色周期关联度模型及其应用研究[J]. 中国管理科学, 2008（3）: 131-136.
[3] 刘思峰, 蔡华, 杨英杰, 曹颖. 灰色关联分析模型研究进展[J]. 系统工程理论与实践, 2013（8）: 2041-2046.
[4] 李晓津, 司倩, 邓戬. 国内外航空公司经营效绩的灰色综合评价[J]. 系统科学学报, 2014（1）: 83-87.

定义 1 设 $X_i = (x_i(1), x_i(2), \cdots, x_i(n))$ 为行为序列，D 为序列算子，$XD = (x(1)d, x(2)d, l, x(n)d)$，其中 $x_i(k)d = \dfrac{x_i(k)}{x_i(1)}, x_i(1) \neq 0, k = 1, 2 \cdots n$，则称 XD 为初值化算子 D 下的像，简称初值像。

定义 2 设 $X_i = (x_i(1), x_i(2), \cdots, x_i(n))$ 为行为序列，令 $x_i^0(k) = x_i(k) - x_i(1)$，$k = 1, 2, \cdots, n$，称 $X_i^0 = (x_i^0(1), x_i^0(2), \cdots, x_i^0(n))$ 为 X_i 的始点零化像。

定义 3 设

$$s_i = \int_1^n (X_i - x_i(1)) \mathrm{d}t$$

$$s_j = \int_1^n (X_j - x_j(1)) \mathrm{d}t \qquad 公式（3-3）$$

$$s_i - s_j = \int_1^n (X_i^0 - X_j^0) \mathrm{d}t$$

则：$\pi_{ij} = \dfrac{1 + |s_i| + |s_j|}{1 + |s_i| + |s_j| + |s_i - s_j|}$， 公式（3-4）

π_{ij} 用来衡量序列绝对量间的关系。

定义 4 设序列 X_i、X_j 长度相同且初值不为零，X_i'、X_j' 分别为 X_i、X_j 的初值像，则：$\lambda_{ij} = \dfrac{1 + s_i' + s_j'}{1 + s_i' + s_j' + |s_i' - s_j'|}$， 公式（3-5）

λ_{ij} 用来衡量序列相对于起始点变化速率间的关系。

定义 5 在关联分析中，当参考数列和被比较数列都不是一个的时候，根据灰色理论优势分析方法，分析系统中优势因素以及非优势因素。若有 n 个字母序列，记为：$\{Y_1\}, \{Y_2\}, \cdots \{Y_n\}$，并有 m 个子序列，记为：$\{X_1\}, \{X_2\}, \cdots \{X_m\}, m \neq 1$。按照定义 3 和定义 4 计算各子序列对母序列的关联度矩阵分别为 R_j、R_x：

$$R_j = \begin{bmatrix} \pi_{1,1} & \pi_{1,2} & \cdots & \pi_{1,m} \\ \pi_{2,1} & \pi_{2,2} & \cdots & \pi_{2,m} \\ \vdots & \vdots & \vdots & \vdots \\ \pi_{n,1} & \pi_{n,2} & \cdots & \pi_{n,m} \end{bmatrix} \qquad 公式（3-6）$$

$$R_x = \begin{bmatrix} \lambda_{1,1} & \lambda_{1,2} & \cdots & \lambda_{1,m} \\ \lambda_{2,1} & \lambda_{2,2} & \cdots & \lambda_{2,m} \\ \vdots & \vdots & \vdots & \vdots \\ \lambda_{n,1} & \lambda_{n,2} & \cdots & \lambda_{n,m} \end{bmatrix} \qquad 公式（3-7）$$

定义 6 根据 R_j、R_x 中各行与各列关联度大小，判断子序列对母序列的作用，影响大的因素为优势序列，相对应的母序列和子序列为优势母序列和优势子序列。

2. 评价指标体系的构建

本书从我国制造企业两化集成的影响因素、两化集成及其与成本管控的对接能力、两化集成及其与成本管控对接效果三个维度出发,评价考量两化融合对成本管控的影响,将三个维度作为评价指标体系的一级指标,指标体系的设计基于制造企业生产过程和成本控制的环境。在实地调研制造企业现状、咨询制造业领域的信息化专家和会计学专家,并在阅读大量文献研究的基础上,①②③④⑤依据选取指标体系的理论性、全面性、独立性、代表性和可比性原则做出指标设计,具体评价指标体系如表3-2所示。

表3-2 评价指标体系

一级指标	二级指标	三级指标	四级指标	代码
两化融合基础重要因素(x)	两化战略及企业人员信息化建设意识	两化战略执行情况	两化战略及其执行情况	$x1$
		企业员工信息化意识	企业高层的信息化意识	$x2$
			信息化从业人员占企业员工总数的比例	$x3$
			企业员工的信息化意识与技能	$x4$
			企业员工参与信息化培训的积极性	$x5$
	基础信息设施建设水平	信息资源覆盖率	信息资源的数量	$x6$
			信息资源的利用情况	$x7$
			数据库的数量	$x8$
			计算机覆盖率	$x9$
		信息化建设投入情况	研发经费投入情况	$x10$
		IT 信息化建设情况	企业 ERP/SAP 等建设情况	$x11$
			企业 MES 建设情况	$x12$
			企业 PLC/DCS 建设情况	$x13$
			企业办公 OA 各功能的应用情况	$x14$
	政策和支持环境	政府引导	良好的政策环境	$x15$
			政府资金引导	$x16$
对接能力(y)	管理理念和管理体系	企业自身管理与调整能力	组织机构的调整	$y1$
			企业全过程管理水平	$y2$
		企业内部人员信息化参与能力	企业员工全员参与信息化程度	$y3$
	信息化系统管理	信息化系统的集成与流程优化能力	ERP/MES/PLC(DCS)系统的集成能力	$y4$
			IE(工业工程)/精益生产业务流程优化	$y5$
		多方协同能力	多部门协同设计实施方案	$y6$
			有关咨询公司的协助	$y7$
			软件品牌的重要性	$y8$
		企业基础能力	企业资金的状况	$y9$

---

① 晓凤. 机械行业两化融合发展水平评估迫在眉睫 精确成本核算与细化评估指标成为关键[J]. 机械工业信息与网络,2009(4):12-13.
② 王晰巍,安超,初毅. 信息化与工业化融合的评价指标及评价方法研究[J]. 图书情报工作,2011(3):96-99.
③ 王娜,李钢. 企业两化融合能力评价指标体系及实证研究[J]. 工业工程,2012,5(1):99-104.
④ 支燕,白雪洁,王蕾蕾. 我国"两化融合"的产业差异及动态演进特征——基于2000—2007年投入产出表的实证[J]. 科研管理,2012(1):90-95.
⑤ 刘力强,冯俊文. 我国区域两化融合水平评价模型及实证研究[J]. 科技进步与对策,2014(5):125-129.

续表

一级指标	二级指标	三级指标	四级指标	代码
	成本信息管理	成本核算信息化能力	成本管理会计人员占企业员工总数的比例状况	y_{10}
			成本核算信息系统的建设	y_{11}
		成本管理基础及其成本核算能力	成本基础管理水平	y_{12}
			成本核算与控制方法的选择	y_{13}
			ABCM 的使用	y_{14}
对接效果（z）	业务效率	劳动生产率	工单按质量标准完成提高程度	z_1
			工单按时完成提高程度	z_2
		设备综合利用效率	设备利用率	z_3
			实际产量更接近于与其产量	z_4
			有效增强敏捷制造柔性能力提升	z_5
	经济效益	资源使用效率	流程优化使企业内部物流时间减少	z_6
			生产报废数量减少	z_7
			有助于资源分配	z_8
			有助于安全生产	z_9
		成本控制与决策	成本管控水平显著提高	z_{10}
			有助于动态实时成本控制	z_{11}
			产品核算扭曲减少	z_{12}
			有助于绩效衡量	z_{13}
			有助于企业投融资决策	z_{14}
	企业战略	产品定价	有助于产品定价	z_{15}
		营销战略	有助于成本利润分析从而制定企业战略	z_{16}

3.2.2 评价结果分析

1. 两化融合对成本管控的对接能力分析

（1）制造企业两化融合影响因素（$x_1 \sim x_{16}$）对成本管控对接能力（$y_1 \sim y_{14}$）的绝对关联度。

依据灰色优势模型，根据公式（3-8）计算的结果得出绝对关联度表如表 3-3 所示。

$$R_j = \begin{bmatrix} \pi_{1,1} & \pi_{1,2} & \cdots & \pi_{1,14} \\ \pi_{2,1} & \pi_{2,2} & \cdots & \pi_{2,14} \\ \vdots & \vdots & \vdots & \vdots \\ \pi_{16,1} & \pi_{16,2} & \cdots & \pi_{16,14} \end{bmatrix} \qquad 公式（3-8）$$

表 3-3 两化融合影响因素对成本管控对接能力的绝对关联度表

	y_1	y_2	y_3	y_4	y_5	y_6	y_7	y_8	y_9	y_{10}	y_{11}	y_{12}	y_{13}	y_{14}
x_1	0.7359	0.7872	0.9462	0.9564	0.9258	0.9821	0.8056	0.9079	0.8282	0.7910	0.9231	0.9692	0.9897	0.8809
x_2	0.7527	0.8077	0.9780	0.9890	0.8974	0.9840	0.7853	0.8808	0.8516	0.7716	0.9533	0.9973	0.9764	0.8555
x_3	0.7371	0.7887	0.9485	0.9588	0.9236	0.9845	0.8041	0.9059	0.8299	0.7896	0.9253	0.9716	0.9923	0.8789
x_4	0.7180	0.7654	0.9123	0.9218	0.9607	0.9455	0.8307	0.9414	0.8033	0.8149	0.8910	0.9336	0.9526	0.9121
x_5	0.6855	0.7258	0.8508	0.8589	0.9617	0.8790	0.8887	0.9819	0.7581	0.8701	0.8327	0.8690	0.8851	0.9844
x_6	0.6966	0.7393	0.8718	0.8803	0.9893	0.9017	0.8668	0.9895	0.7735	0.8493	0.8526	0.8910	0.9081	0.9570
x_7	0.6901	0.7314	0.8595	0.8678	0.9731	0.8884	0.8793	0.9938	0.7645	0.8612	0.8409	0.8781	0.8946	0.9727
x_8	0.7110	0.7569	0.8991	0.9083	0.9760	0.9312	0.8417	0.9561	0.7936	0.8254	0.8784	0.9197	0.9381	0.9258
x_9	0.7644	0.8218	1.0000	0.9888	0.8799	0.9628	0.7727	0.8640	0.8678	0.7597	0.9741	0.9754	0.9555	0.8398
x_{10}	0.7706	0.8294	0.9885	0.9775	0.8712	0.9521	0.7665	0.8556	0.8765	0.7537	0.9853	0.9645	0.9450	0.8320
x_{11}	0.7447	0.7979	0.9628	0.9734	0.9105	1.0000	0.7947	0.8933	0.8404	0.7806	0.9388	0.9867	0.9921	0.8672
x_{12}	0.7091	0.7545	0.8955	0.9045	0.9803	0.9273	0.8448	0.9603	0.7909	0.8284	0.8750	0.9159	0.9341	0.9297
x_{13}	0.7300	0.7800	0.9350	0.9450	0.9367	0.9700	0.8135	0.9184	0.8200	0.7985	0.9125	0.9575	0.9775	0.8906
x_{14}	0.6949	0.7373	0.8686	0.8771	0.9852	0.8983	0.8699	0.9937	0.7712	0.8522	0.8496	0.8877	0.9047	0.9609
x_{15}	0.6885	0.7295	0.8566	0.8648	0.9693	0.8852	0.8824	0.9898	0.7623	0.8642	0.8381	0.8750	0.8914	0.9766
x_{16}	0.7527	0.8077	0.9780	0.9890	0.8974	0.9840	0.7853	0.8808	0.8516	0.7716	0.9533	0.9973	0.9764	0.8555

依据矩阵 R_j 计算得出矩阵各列之和及其排序如下：

$$\sum_{i=1}^{16}\pi_{i13}=15.1136>\sum_{i=1}^{16}\pi_{i6}=15.0761>\sum_{i=1}^{16}\pi_{i5}=15.0381>\sum_{i=1}^{16}\pi_{i12}=14.9895$$

$$>\sum_{i=1}^{16}\pi_{i8}=14.9132>\sum_{i=1}^{16}\pi_{i4}=14.8614>\sum_{i=1}^{16}\pi_{i3}=14.7512>\sum_{i=1}^{16}\pi_{i14}=14.5196$$

$$>\sum_{i=1}^{16}\pi_{i11}=14.4240>\sum_{i=1}^{16}\pi_{i7}=13.2320>\sum_{i=1}^{16}\pi_{i9}=12.9834>\sum_{i=1}^{16}\pi_{i10}=12.9820$$

$$>\sum_{i=1}^{16}\pi_{i2}=12.3605>\sum_{i=1}^{16}\pi_{i1}=11.5818$$

通过对灰色优势模型中绝对关联度分析结果表明：影响我国制造业企业两化融合对成本管控对接能力的程度，根据上述实证结论，可以对研究指标分为三级，考察两者之间的相互关联程度，具体如下。

①企业成本核算信息系统的建设、IE/精益生产流程优化、企业内多部门协同设计实施方案三个对接能力为第一等级，说明这三个对接能力是支撑制造企业两化融合与成本管控对接能力的重要因素，企业要给予高度重视。

②企业成本控制方法的选择、IT信息化软件的选择、ERP/MES/DCS（PCS）系统的集成能力、企业员工参与度、ABCM成本核算与控制方法的使用、成本基础管理水平称其为第二等级，在今后的发展中，企业应充分激励该类因素，使其发挥更强大的作用。

③有关咨询公司的协助、企业资金的状况、管理会计人员占企业员工的总数的比例状况、企业管理水平、组织机构的调整这些对接能力是第三等级。表明在制造企业中，企业两化融合对成本管控对接能力影响次于前面两个级别，但这几个指标的重要程度不能忽视，因为上述这些指标都是多位会计学专家、信息化专家和企业信息主管、财务主管和生产主管经过多次商议后筛选出来的，都是对企业IT信息化建设、企业生产经营管

理和成本控制起着重要作用的指标,成本管控对接能力每个指标都与企业两化融合关联度较高。

(2)制造企业两化融合影响因素($x_1 \sim x_{16}$)对成本管控对接能力($y_1 \sim y_{14}$)相对关联度计算。

依据灰色优势模型公式(3-9),计算灰色相对关联度矩阵,相对关联度表如表 3-4 所示。

$$R_x = \begin{bmatrix} \lambda_{1,1} & \lambda_{1,2} & \cdots & \lambda_{1,14} \\ \lambda_{2,1} & \lambda_{2,2} & \cdots & \lambda_{2,14} \\ \vdots & \vdots & \vdots & \vdots \\ \lambda_{16,1} & \lambda_{16,2} & \cdots & \lambda_{16,14} \end{bmatrix} \qquad 公式(3-9)$$

表 3-4　两化融合影响因素对成本管控对接能力的相对关联度表

	y_1	y_2	y_3	y_4	y_5	y_6	y_7	y_8	y_9	y_{10}	y_{11}	y_{12}	y_{13}	y_{14}
x_1	0.7412	0.7915	0.9472	0.9573	0.9270	0.9824	0.8080	0.9095	0.8317	0.7935	0.9246	0.9698	0.9899	0.8827
x_2	0.7581	0.8118	0.9785	0.9892	0.8991	0.9844	0.7879	0.8827	0.9548	0.7743	0.9543	0.9973	0.9769	0.8577
x_3	0.7424	0.7929	0.9495	0.9596	0.9249	0.9848	0.8065	0.9074	0.8333	0.7920	0.9268	0.9722	0.9924	0.8808
x_4	0.7233	0.7698	0.9140	0.9233	0.9614	0.9465	0.8328	0.9424	0.8070	0.8171	0.8930	0.9349	0.9535	0.9135
x_5	0.6905	0.7302	0.8532	0.8611	0.9623	0.8810	0.8901	0.9821	0.7619	0.8717	0.8353	0.8710	0.8869	0.9846
x_6	0.7017	0.7437	0.8739	0.8824	0.9895	0.9034	0.8684	0.9897	0.7773	0.8510	0.8550	0.8929	0.9097	0.9577
x_7	0.6951	0.7358	0.8618	0.8699	0.9736	0.8902	0.8808	0.9939	0.7683	0.8628	0.8435	0.8801	0.8963	0.9731
x_8	0.7162	0.7613	0.9009	0.9099	0.9764	0.9324	0.8437	0.9568	0.7973	0.8274	0.8806	0.9212	0.9392	0.9269
x_9	0.7697	0.8258	1.0000	0.9890	0.8820	0.9635	0.7755	0.8663	0.8708	0.7625	0.9747	0.9759	0.9564	0.8423
x_{10}	0.7759	0.8333	0.9888	0.9780	0.8734	0.9531	0.7693	0.8580	0.8793	0.7566	0.9856	0.9652	0.9462	0.8346
x_{11}	0.7500	0.8021	0.9635	0.9740	0.9120	1.0000	0.7972	0.8951	0.8438	0.7832	0.9401	0.9870	0.9923	0.8692
x_{12}	0.7143	0.7589	0.8973	0.9063	0.9807	0.9286	0.8467	0.9609	0.7946	0.8304	0.8772	0.9174	0.9353	0.9308
x_{13}	0.7353	0.7843	0.9363	0.9461	0.9378	0.9706	0.8158	0.9198	0.8235	0.8009	0.9142	0.9583	0.9779	0.8923
x_{14}	0.7000	0.7417	0.8708	0.8792	0.9854	0.9000	0.8715	0.9938	0.7750	0.8540	0.8521	0.8896	0.9063	0.9615
x_{15}	0.6935	0.7339	0.8589	0.8669	0.9698	0.8871	0.8839	0.9899	0.7661	08658	0.8407	0.8770	0.8931	0.9769
x_{16}	0.7581	0.8118	0.9785	0.9892	0.8991	0.9844	0.7879	0.8827	0.8548	0.7743	0.9543	0.9973	0.9769	0.8577

依据矩阵 R_x 计算得出矩阵各列之和及其排序为:

$$\sum_{i=1}^{16} \lambda_{i13} = 15.1292 > \sum_{i=1}^{16} \lambda_{i6} = 15.0924 > \sum_{i=1}^{16} \lambda_{i5} = 15.0544 > \sum_{i=1}^{16} \lambda_{i12} = 15.0071 > \sum_{i=1}^{16} \lambda_{i8} = 14.9310$$

$$> \sum_{i=1}^{16} \lambda_{i4} = 14.8814 > \sum_{i=1}^{16} \lambda_{i3} = 14.7731 > \sum_{i=1}^{16} \lambda_{i14} = 14.5423 > \sum_{i=1}^{16} \lambda_{i11} = 14.4520 > \sum_{i=1}^{16} \lambda_{i7} = 13.2660$$

$$> \sum_{i=1}^{16} \lambda_{i9} = 13.0395 > \sum_{i=1}^{16} \lambda_{i10} = 13.0175 > \sum_{i=1}^{16} \lambda_{i2} = 12.4288 > \sum_{i=1}^{16} \lambda_{i1} = 11.6653$$

灰色优势模型中相对关联度分析结果发现:两化融合的影响因素对成本管控的对接能力,应用灰色优势模型中相对关联度和绝对关联度的影响程度是趋于一致的,说明所选对接能力指标是极其重要的关键指标,这些指标的对接能力是企业成本控制水平的主要依据。

2. 两化融合对成本管控的对接效果分析

(1)制造企业两化融合影响因素($x_1 \sim x_{16}$)对成本管控对接效果($z_1 \sim z_{16}$)的绝对关

联度。

依据灰色优势模型公式（3-10），计算矩阵的结果得出绝对关联度表如表3-5所示。

$$R_j = \begin{bmatrix} \pi_{1,1} & \pi_{1,2} & \cdots & \pi_{1,16} \\ \pi_{2,1} & \pi_{2,2} & \cdots & \pi_{2,16} \\ \vdots & \vdots & \vdots & \vdots \\ \pi_{16,1} & \pi_{16,2} & \cdots & \pi_{16,16} \end{bmatrix} \qquad 公式（3\text{-}10）$$

表3-5 制造企业两化融合影响因素（$x_1 \sim x_{16}$）对成本管控对接效果（$z_1 \sim z_{16}$）的绝对关联度表

	z_1	z_2	z_3	z_4	z_5	z_6	z_7	z_8	z_9	z_{10}	z_{11}	z_{12}	z_{13}	z_{14}	z_{15}	z_{16}
x_1	0.7462	0.6923	0.9231	0.8250	0.9827	0.9872	0.9282	0.8931	0.8769	0.9079	0.9590	0.8854	0.9949	0.9077	0.8282	0.9412
x_2	0.7637	0.7060	0.9533	0.8033	0.9505	0.9789	0.9588	0.8669	0.9038	0.8808	0.9918	0.8597	0.9619	0.9368	0.8516	0.9118
x_3	0.7474	0.6933	0.9253	0.8233	0.9802	0.9897	0.9304	0.8911	0.8789	0.9059	0.9613	0.8834	0.9924	0.9098	0.8299	0.9389
x_4	0.7275	0.6777	0.8910	0.8517	0.9787	0.9502	0.8957	0.9254	0.8483	0.9414	0.9242	0.9170	0.9668	0.8768	0.8033	0.9774
x_5	0.6935	0.6512	0.8327	0.9133	0.9073	0.8831	0.8367	1.0000	0.7964	0.9819	0.8609	0.9901	0.8972	0.8206	0.7581	0.9456
x_6	0.7051	0.6603	0.8526	0.8900	0.9316	0.9060	0.8568	0.9718	0.8141	0.9895	0.8825	0.9625	0.9209	0.8397	0.7735	0.9722
x_7	0.6983	0.6550	0.8409	0.9033	0.9174	0.8926	0.8450	0.9879	0.8037	0.9938	0.8698	0.9783	0.9070	0.8285	0.7645	0.9566
x_8	0.7202	0.6720	0.8784	0.8633	0.8633	0.9358	0.8830	0.8830	0.8372	0.8372	0.9106	0.9106	0.9518	0.8647	0.7936	0.9932
x_9	0.7759	0.7155	0.9741	0.7900	0.9307	0.9579	0.9799	0.8508	0.9224	0.8640	0.9860	0.8439	0.9416	0.9569	0.8678	0.8937
x_{10}	0.7824	0.7206	0.9853	0.7833	0.9208	0.9474	0.9912	0.8427	0.9324	0.8556	0.9749	0.8360	0.9315	0.9676	0.8765	0.8846
x_{11}	0.7553	0.6995	0.9388	0.8133	0.9653	0.9947	0.9441	0.8790	0.8910	0.8933	0.9761	0.8715	0.9772	0.9229	0.8404	0.9253
x_{12}	0.7182	0.6705	0.8750	0.8667	0.9591	0.9318	0.8795	0.9435	0.8341	0.9603	0.9068	0.9348	0.9477	0.8614	0.7909	0.9977
x_{13}	0.7400	0.6875	0.9125	0.8333	0.9950	0.9750	0.9175	0.9032	0.8675	0.9184	0.9475	0.8953	0.9925	0.8975	0.8200	0.9525
x_{14}	0.7034	0.6589	0.8496	0.8933	0.9280	0.9025	0.8538	0.9758	0.8114	0.9937	0.8792	0.9664	0.9174	0.8369	0.7712	0.9682
x_{15}	0.6967	0.6537	0.8381	0.9067	0.9139	0.8893	0.8422	0.9919	0.8012	0.9898	0.8668	0.9822	0.9037	0.8258	0.7623	0.9529
x_{16}	0.7637	0.7060	0.9533	0.8033	0.9505	0.9789	0.9588	0.8669	0.9038	0.8808	0.9918	0.8597	0.9619	0.9368	0.8516	0.9118

依据矩阵 R_j 计算得出矩阵各列之和及其排序为：

$$\sum_{i=1}^{16}\pi_{i5}=15.1750 > \sum_{i=1}^{16}\pi_{i13}=15.1664 > \sum_{i=1}^{16}\pi_{i16}=15.1236 > \sum_{i=1}^{16}\pi_{i6}=15.1010 > \sum_{i=1}^{16}\pi_{i10}=14.9132 >$$

$$\sum_{i=1}^{16}\pi_{i11}=14.8892 > \sum_{i=1}^{16}\pi_{i8}=14.7295 > \sum_{i=1}^{16}\pi_{i12}=14.5970 > \sum_{i=1}^{16}\pi_{i7}=14.5016 > \sum_{i=1}^{16}\pi_{i3}=14.4240 >$$

$$\sum_{i=1}^{16}\pi_{i14}=14.1904 > \sum_{i=1}^{16}\pi_{i9}=13.7231 > \sum_{i=1}^{16}\pi_{i4}=13.5631 > \sum_{i=1}^{16}\pi_{i15}=12.9834 > \sum_{i=1}^{16}\pi_{i1}=11.7375 >$$

$$\sum_{i=1}^{16}\pi_{i2}=10.9200$$

灰色优势模型中绝对关联度分析结果表明：

①我国制造业企业两化融合对成本管控对接能力效果的影响程度可分为三级，其中有效增强敏捷制造柔性能力（如多品种小批量生产时的换模能力）、有助于绩效考核、流程优化使企业内部物流时间减少、对成本利润分析，从而制定企业战略四个效果为第一等级影响。这几个方面说明制造企业两化融合对成本管控对接效果非常重要，企业要给予高度重视。

②成本管控水平显著提高、动态实时成本控制、资源分配、减少产品核算扭曲、减

少生产报废数量、设备利用率提高、有助于企业投融资决策等应用效果是我国制造业两化融合对其成本管控对接效果的影响为第二等级,在今后的发展中,企业应充分挖掘该类因素,使其发挥更强大的作用。

③对于安全生产、实际产量更接近于及产量、对于定价、工单按时和按质量完成等应用效果是我国制造业两化融合对其成本管控对接效果的影响为第三等级。表明在我国制造企业中,该类结果对企业两化融合与成本管控对接效果还需要进一步提高。

(2)制造企业两化融合影响因素($x_1 \sim x_{16}$)对成本管控对接效果($z_1 \sim z_{16}$)的灰色相对关联度度矩阵

依据灰色优势模型公式(3-11),计算结果得出灰色相对关联度矩阵表如表 3-6 所示。

$$R_x = \begin{bmatrix} \lambda_{1,1} & \lambda_{1,2} & \cdots & \lambda_{1,16} \\ \lambda_{2,1} & \lambda_{2,2} & \cdots & \lambda_{2,16} \\ \vdots & \vdots & \vdots & \vdots \\ \lambda_{16,1} & \lambda_{16,2} & \cdots & \lambda_{16,16} \end{bmatrix}$$ 公式(3-11)

表 3-6 制造企业两化融合影响因素($x_1 \sim x_{16}$)对成本管控对接效果($z_1 \sim z_{16}$)的灰色相对关联度矩阵表

	z_1	z_2	z_3	z_4	z_5	z_6	z_7	z_8	z_9	z_{10}	z_{11}	z_{12}	z_{13}	z_{14}	z_{15}	z_{16}
x_1	0.7513	0.6985	0.9246	0.8273	0.9830	0.9874	0.9296	0.8948	0.8794	0.9095	0.9598	0.8872	0.9950	0.9095	0.8317	0.9422
x_2	0.7688	0.7124	0.9543	0.8059	0.9515	0.9794	0.9597	0.8690	0.9059	0.8827	0.9919	0.8619	0.9627	0.9382	0.8548	0.9133
x_3	0.7525	0.6995	0.9268	0.8257	0.9806	0.9899	0.9318	0.8929	0.8813	0.9074	0.9621	0.8852	0.9925	0.9116	0.8333	0.9400
x_4	0.7326	0.6837	0.8930	0.8536	0.9791	0.9512	0.8977	0.9266	0.8512	0.9424	0.9256	0.9183	0.9674	0.8791	0.8070	0.9778
x_5	0.6984	0.6567	0.8353	0.9145	0.9087	0.8849	0.8393	1.0000	0.7996	0.9821	0.8631	0.9903	0.8988	0.8234	0.7619	0.9464
x_6	0.7101	0.6660	0.8550	0.8914	0.9087	0.9076	0.8592	0.9722	0.8172	0.9897	0.8845	0.9630	0.9223	0.8424	0.7773	0.9727
x_7	0.7033	0.6606	0.8435	0.9046	0.9187	0.8943	0.8476	0.9881	0.8069	0.9939	0.8720	0.9786	0.9085	0.8313	0.7683	0.9573
x_8	0.7252	0.6779	0.8806	0.8651	0.9640	0.9369	0.8851	0.9405	0.8401	0.9568	0.9122	0.9319	0.9527	0.8671	0.7973	0.9933
x_9	0.7809	0.7219	0.9747	0.7928	0.9320	0.9588	0.9803	0.8532	0.9242	0.8663	0.9863	0.8463	0.9428	0.9579	0.8708	0.8956
x_{10}	0.7874	0.7270	0.9856	0.7862	0.9223	0.9485	0.9914	0.8452	0.9339	0.8580	0.9754	0.8385	0.9328	0.9684	0.8793	0.8867
x_{11}	0.7604	0.7057	0.9401	0.8158	0.9660	0.9948	0.9453	0.8810	0.8932	0.8951	0.9766	0.8735	0.9776	0.9245	0.8438	0.9267
x_{12}	0.7232	0.6763	0.8772	0.8684	0.9598	0.9330	0.8817	0.9444	0.8371	0.9609	0.9085	0.9358	0.9487	0.8638	0.7946	0.9978
x_{13}	0.7451	0.6936	0.9142	0.8355	0.9951	0.9755	0.9191	0.9048	0.8701	0.9198	0.9485	0.8969	0.9926	0.8995	0.8235	0.9533
x_{14}	0.7083	0.6646	0.8521	0.8947	0.9292	0.9042	0.8563	0.9762	0.8146	0.9938	0.8813	0.9669	0.9188	0.8396	0.7750	0.9688
x_{15}	0.7016	0.6593	0.8407	0.9079	0.9153	0.8911	0.8448	0.9921	0.8044	0.9899	0.8690	0.9825	0.9052	0.8286	0.7661	0.9536
x_{16}	0.7688	0.7124	0.9543	0.8059	0.9515	0.9794	0.9597	0.8690	0.9059	0.8827	0.9919	0.8619	0.9627	0.9382	0.8548	0.9133

依据矩阵 R_x 计算得出矩阵各列之和及其排序为:

$$\sum_{i=1}^{16}\lambda_{i5}=15.1896 > \sum_{i=1}^{16}\lambda_{i13}=15.1811 > \sum_{i=1}^{16}\lambda_{i16}=15.1388 > \sum_{i=1}^{16}\lambda_{i6}=15.1169 > \sum_{i=1}^{16}\lambda_{i10}=14.9310$$

$$> \sum_{i=1}^{16}\lambda_{i11}=14.9087 > \sum_{i=1}^{16}\lambda_{i8}=14.7500 > \sum_{i=1}^{16}\lambda_{i12}=14.6187 > \sum_{i=1}^{16}\lambda_{i7}=14.5286 > \sum_{i=1}^{16}\lambda_{i3}=14.4520$$

$$> \sum_{i=1}^{16}\lambda_{i14}=14.2231 > \sum_{i=1}^{16}\lambda_{i9}=13.7650 > \sum_{i=1}^{16}\lambda_{i4}=13.5953 > \sum_{i=1}^{16}\lambda_{i15}=13.0395 > \sum_{i=1}^{16}\lambda_{i1}=11.8179 \sum_{i=1}^{16}\lambda_{i2}$$

$$=11.0161$$

灰色优势模型中相对关联度分析结果表明:两化融合的影响因素对成本管控的对接效果影响显著,应用灰色优势模型中相对关联度和绝对关联度的影响程度是趋于一致的,说明所选对接能力指标是极其重要的指标,这些指标的对接能力是企业成本控制水平的主要依据。

3.2.3 研究结论

通过对我国制造企业两化融合问卷研究,本书所研究设计的两化融合对成本管控对接影响的评价指标体系达到科学合理,尤其是应用灰色优势模型中相对关联度和绝对关联度分析,结果表明两化融合与成本管控的对接能力、成本管控的对接效果影响显著。由此得出结论:

①多年来我国制造企业信息化的发展,已经由初期的 MIS 到 ERP,从 CAD/CAM 到 CAPP、MES、PLM、DNS,初具规模。②两化融合为制造企业的研发设计、企业管理、成本控制、企业技术改造等都将带来的新的发展契机。③两化融合对于提高制造企业的管控能力起着重要的作用,研究结论可以为制造企业的成本管控提供科学的参考依据。④同时,企业的精细管理、精益生产、敏捷制造也促进了两化的深入融合,并为中观层面和宏观层面的两化融合顺利进行提供了管理累积基础。

事物之间都是相互联系、相互影响和相互作用的,通过上述实证更能够深刻说明这一道理。所以,制造企业不但需要凭借先进信息化技术和先进制造技术赢得客户的信赖,还需要有先进的管理理念和顾客至上的价值观念。总之,制造企业两化融合在发展应用的过程中互为依托、互相渗透、互相促进。企业管理需要运用信息技术来进行控制和优化,信息的丰富和准确促使管理水平上升,所以信息化技术提升了企业管理水平。另一方面,信息化离开了管理就失去了其价值,所以信息化依赖于管理水平的提升。它们的关系是相互依赖和互为提升的。因此,上至国家两化融合战略与下至企业两化融合策略融为一体势在必行。

3.3 制造企业生产过程实时成本控制问题及其分析

通过对制造企业实地考察、网络调研、问卷调研及文献梳理,发现我国制造企业实时成本控制存在"黑箱"问题和成本控制困境等问题,这些问题同时也是两化融合需要面对和解决的问题。

3.3.1 成本控制黑箱问题及其分析

目前虽然国内会计制度在不断完善,但由于多年来一些企业仍然秉承着传统成本核算方法,尤其是费用分摊方法不切合企业实际,企业生产过程、成本核算与控制仍然存在"成本黑箱"问题及其成本控制困境。

"黑箱"是控制论中的概念,可以理解为主体对客体内部情况全然不知的状况。成本黑箱是指在产品生产或服务过程中,生产投入的各类要素被置于某种框架之中,如同面对黑箱一般,需要按照规程操作才能够得到预期的输出。提出生产成本"黑箱"这一概念,在理论上有助于从一个新的视角理解投入和产出的关系、生产和管理的关系,以及多种技术集成管理理论。

产品的生产过程犹如一个"黑箱",其输入为规范要求、生产方法、原材料、人工成本、制造费用,输出为产品或服务。对于企业来说,这就造成了无法通过准确的计算和分析来降低生产过程产生的成本的问题。[①]我国目前制造企业的信息化已达到了一定水平,大多制造企业虽然拥有国内外先进的设备和软件系统,但是由于企业管理技术方法落后,车间生产现场监控管理大多依旧采用传统模式,如车间现场的数据还有手工汇总,人为操作使得数据误差增大,这些生产数据信息缺乏实时性和准确性,而且没有一个完整的信息反馈机制。这就是制造企业生产过程"黑箱"状况,如图3-10所示。

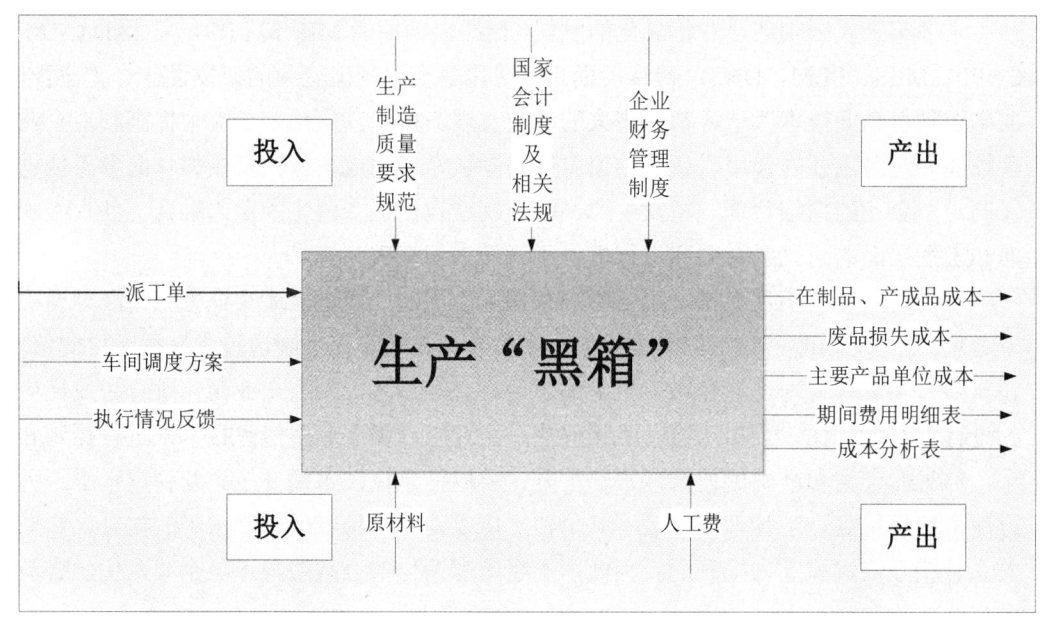

图 3-10　制造企业生产过程"黑箱"模型

3.3.2　实时成本控制困境问题及其分析

随着互联网信息技术的发展,企业的成本管理模式也有了新的转变。信息技术的应用,提高了成本数据信息的传递速度,方便了企业对各类成本信息的实时分配与获取,在一定程度上满足了企业管理者对成本信息的实时监控。通过IT信息化的应用、实时的数据采集、实时成本核算和实时成本比对,实现对成本的实时控制。在此基础上,相关的成本信息得以实时披露,数据能够及时共享,财会报表可以按时打印,为企业实现精细化和实时化管理提供了保障。IT信息化的发展能够促进企业实时成本控制的实施。但是,由于种种原因,我国大部分企业没有真正发挥实时成本控制功效,主要体现在以下几个方面。

1."实时成本"深入理解的问题

大多制造企业对于实时成本没有深入的理解。如果成本数据不是直接从系统中采集

---

① 刘亚军,和金生. 惯例:一把打开企业"黑箱"的钥匙[J]. 当代财经,2009(3):67-71.

的，那么成本数据与成本对象的时间配比性就难以实现。传统会计核算中，原材料购入时成本一般按计划成本，期末通过材料成本差异科目把计划成本调整为实际成本。企业实际发生的成本通常是在会计期末计算，通过成本的分配方法按一定比例将产品成本分配到完工产品和在制产品之中。随着实时的成本控制观念的产生，顾名思义，原材料购入成本应该按照实际的采购数据录入，以便实时获取。对产品信息的掌握应该是实时的，而不应该是在期末通过完工与在制产品之间的分配而得到，也就是说，在产品生产完成之后就应该按照一定的方法将产品耗用的材料与人工计入产品的成本。

2. ERP系统在实时成本控制中应用的问题

伴随着"互联网+"时代的到来，以及信息技术革命的逐步渗透、高端智能化软件的运用，企业深刻认识到科学技术对提高生产力和管理模式创新的关键作用。计算机辅助系统已经遍及企业管理之中，在一定程度上满足了企业数据核算、生产制造、客户管理、工资分配的需要，企业信息化管理应该为提高企业的效率和效益直接做出贡献。由此可见，在IT信息技术环境下，ERP的应用给企业的发展带来了时代契机。然而，随着实时成本观念日渐深入人心，我国ERP软件系统在实时成本控制上的劣势逐渐表现出来，如ERP体系模式的照搬应用；由于技术和管理认识的原因，系统的局限性依然存在，如各个部门信息孤立，无法形成企业的整体信息，不利于企业整体业务的优化和综合实力的提高等。

3. 生产环节实时成本控制的问题

随着科学技术的发展，用户需求日渐多元化，传统模式下的大批量的生产已经不能满足市场需要，多品种、小批量的生产模式已经占据了市场的绝对地位。在此背景下，制造企业产品的生产结构日趋复杂化，混合性的生产模型取代了单一的生产模型。通过不同种类的产品利用同一条生产线的切换生产，提高了产品的生产效率，满足了客户多样化的市场需求。然而，在企业成本管理模式领域，虽然信息化建设日渐拓宽了在企业中的应用领域，但是成本管理仍然停留在计算机的简单处理方面，导致无法实时采集生产过程中的成本数据，从而管理层以及其他信息需求者无法获得生产现场实际的成本信息，加重了企业实时成本控制的难度。另外，在生产这一环节，手工粗放的管理理念制约着企业管理形式的创新，大多数企业仍以人工方式控制生产流程，车间管理人员不能准确获取产品的信息和储存状况，车间生产信息主要依靠人工传递，信息传递速度慢导致企业难以实时地控制监督成本信息。

4. 成本控制信息化技术水平利用低的问题

在传统的成本控制模式下，生产现场与上层系统之间成本信息的传递主要依靠人工输入。受传统手工模式以及人工录入方式的影响，各个部门（如财务、生产部门）在成本管理中往往形成信息孤岛，这些信息孤岛往往导致基础成本信息无法及时传递以及出现信息冗余和滞后的现象。然而落实成本计划和修改成本差异的关键在于对现场作业成本状况的反应，因此同一成本数据无法及时传递且需要重复录入的缺陷，降低了成本信息获取的时效性。随着信息技术在企业管理中的应用，成本核算手段有了一定程度的更新，可是因为科技创新投入不足，成本管理观念落后，众多企业不能因地制宜地开发适合企业实际特色的成本实时管理软件,再加上实际应用中实时成本控制往往局限于个别环节,所以成本控制整体效果不明显。在此背景下,成本管理软件更多的是对事后成本核算结果的反应,再加上人为操纵调节成本的现象时有发生,实时、准确的成本信息的获取无法得到可靠的保证,因此在成本控制过程中的偏差问题难以发觉,提高成本效益变成了纸上谈兵。

  5. 实时成本控制意识淡薄的问题

在经济高速发展的情况下,加强企业的成本控制能使企业在日趋激烈的竞争环境下处于不败之地。随着新技术革命时代的到来,我国企业管理者的信息化意识逐渐增强,再加上外国 ERP、MES 等先进理念的传播,我国企业坚持与时俱进,积极吸收国外先进的管理理念。但是与国外先进成本控制理念相比,我国企业在成本控制认知上仍与国外存在一定的差距。国外成本控制的实时性理论研究相当完善,相比之下,我国对成本管理理念的认知不足也正是表现在忽视对企业成本的实时性控制上。我国企业在实务操作中对产品成本的控制存在一定的失衡现象,主要体现在:以静态成本为重,以预计目标成本为重,以计算实际成本为重,但是对于动态成本控制以及实时成本控制的重要性缺乏认识。此外,对实时成本控制认知范围存在缺陷,对实时成本控制目标、范围、实现途径理解尚需全面认知。

3.4　本章小结

  本章通过问卷调研和实地考察,对制造企业生产过程实时成本控制现状及其存在的问题进行研究分析,在现今"互联网+"环境下,企业产品结构复杂,对成本信息的要求也越来越高,传统成本控制的模式难以满足成本信息使用者对相关成本信息时效性的需求。随着 IT 信息化技术等在企业中的普遍应用,在一定程度上改变了企业的管理模式。但就制造企业实时成本控制管理而言,大多数企业并没有实现新的转变,仍停留在传统的成本核算与控制之中,成本控制"黑箱"依然存在。另外,通过问卷和实地调研对企业的两化融合战略实施对成本控制的对接能力和效果的影响,应用灰色关联模型进行了评价,研究结果表明,两化融合对成本管控具有直接重要的影响作用。

第4章 智能制造企业实时成本控制机理及其框架模型研究

4.1 智能制造企业生产过程实时成本控制机理分析

4.1.1 实时成本控制目标、特点及其意义

1. 实时成本控制的目标

实时成本控制是在信息技术环境下衍生的一种新的成本控制理念，它的实现与计算机的应用，互联网技术的发展密切相关。

企业实时成本控制是为了获取实时准确的成本信息，实现企业经济效益最优化，产品价值最大化的控制策略。当前随着企业战略目标的提高、经营管理模式的改进，产品生产更加精细化，成本数据来源的渠道增多，需同步提高相应成本信息获取的时效性、准确性、一致性。通过对企业生产成本、期间成本以及相关经济指标的实时动态监控，能够帮助企业获取完整价值链条上的成本信息，从而降低存货库存率，提高设备产出效率，提升产品的生产质量，完善产品售后服务，形成企业独具特色的经营战略。

2. 智能制造企业实时成本控制具备的特点

（1）实时化。

在信息化环境下，信息使用者应用现代化技术手段，利用信息平台系统，针对从产品研发设计乃至产品售后服务整个生命周期的成本实时所需的成本信息，获取实时成本报告，克服了传统成本系统时滞问题所带来的信息的延后，同时拓宽了成本信息的内容，提高了成本信息的质量和价值。

（2）动态化。

实时成本能够不断地在 ERP（ASP）/MES/DCS（PLC）系统之间进行数据采集、传递与共享，随着库存、研发、生产和销售等业务的不断更新，能够实时地处理数据信息，并把处理结果及时传递给信息需求者，企业成本信息维系一个持续和动态变化的过程。

（3）整合化。

在信息化环境中，成本控制系统与企业内部生产系统以及企业其他信息资源相整合，共同构成企业管理信息系统，达成了企业成本信息互换和共享，提高了企业成本信息的应用价值。

（4）集成化。

实时成本控制系统以企业信息化平台为依托，不再是一个信息孤岛。企业生产活动

进行发生时，生产现场信息自动化系统通过集成化的数据接口，将生产过程相关的成本信息数据通过信息化网络平台直接传递给成本控制系统，实现成本和业务一体化。

（5）多元化。

实时信息的种类多元化，信息的来源渠道多，可以将数据、文字、图形、图像和声音等信息有机结合，交互传递，更好地满足信息使用者需求。

3. 实时成本控制的意义

IT环境下，实时取得成本核算的相关信息并进行有效的成本控制是企业成功取胜的关键要素。加强企业的实时成本控制意义如下。

（1）改变原有的成本控制模式。

改变传统的事后成本费用分配方法，利用先进的信息技术构建一个智能、快速、准确的应用平台，实时地获取成本信息，及时纠正偏差，把成本控制在合理的范围。

（2）加强建设动态实时成本控制。

动态实时成本控制是指实时准确地记录并反映产品的成本发生额，企业管理者可以通过信息技术手段了解这些产品成本信息，并随即通过信息化手段对这些信息进行分析，从而保持对产品成本的全程跟踪与控制。

（3）满足企业内外部人员的信息需求。

通过不同角度的实时数据信息发布、报表制作、不同形式的内容展现，满足各个部门实时的信息需求，实现信息的实时传递。

（4）保持企业在市场竞争中的优势地位。

不同企业所生产的产品在一个成熟的市场体系内所发生的产品竞争背后所代表的是不同企业的综合实力的比较，而产品的价格是企业实力的货币化集中表现。想要使得价格在竞争中取得优势，就必须将决定产品价格的成本控制在一定的水平。通过信息对企业实时成本进行监控，提高成本归集和核算的时效性，以便采取有效措施控制成本、节约成本，保持企业在市场竞争中的有利地位。

4.1.2 实时成本控制内在机理

实时成本控制的目标就是要突破传统成本信息滞后性和单一性的缺憾，提供及时性和多元化的企业战略管理决策时所用信息，突破时间限制，快速和准确地进行数据采集、整理、加工并输出成本信息，且具有成本信息可靠性与支持决策相关性。

1. 生产过程实时成本控制要素分析

生产过程成本要素的构成贯穿于企业经营的各个环节中，所以实时成本控制也应该是对经营环节全过程的控制。控制成本的基础条件就是对企业的每个环节的成本有清楚的了解。只有获得了第一手数据才能知道问题出在哪里及改进空间在哪里。现在的企业往往规模很大，生产环节很多，靠人工或者简单的工具很难把握成本信息，借助于信息技术收集和分析成本数据是企业唯一的选择。影响实时成本控制要素涉及的人员、设备物料、方法、环境，如图4-1所示。

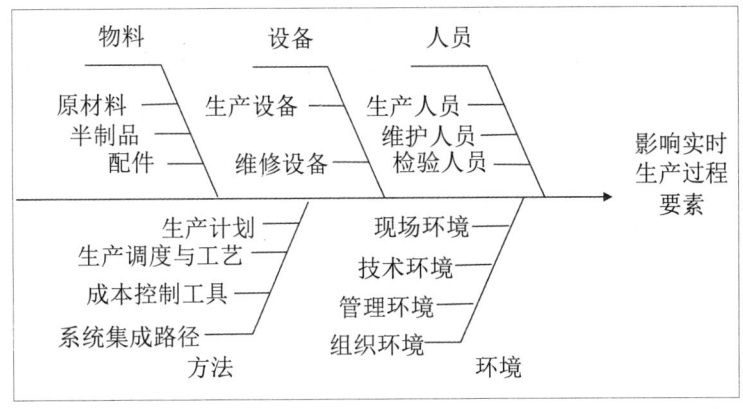

图 4-1　影响实时生产过程的要素

2. 生产经营过程实时成本控制内在机理模型

智能制造企业生产全过程实时成本控制机理借助于 IT 信息化平台,利用各种融合的管理技术和工具实时采集数据、计算成本和分析成本信息,并与平台系统内的标准成本指标做对比,进行成本控制且形成实时成本报告,通过实时成本核算和控制为企业的生产经营服务。其具体的实现流程为:企业在产品生产过程中,当一项任务发生时,探测器利用数据采集技术获取反映该作业任务的信息,并存放到存储数据库中,然后通过平台系统内部的核算器进行成本相关信息计算,形成成本实时信息表。同时,分析控制器从数据库中获取相应的成本标准进行实时控制,并实时生成成本评价报告。主管部门通过实时阅读成本报告信息,通过反馈器和评价器进行评价和提出反馈意见。如图 4-2 所示。

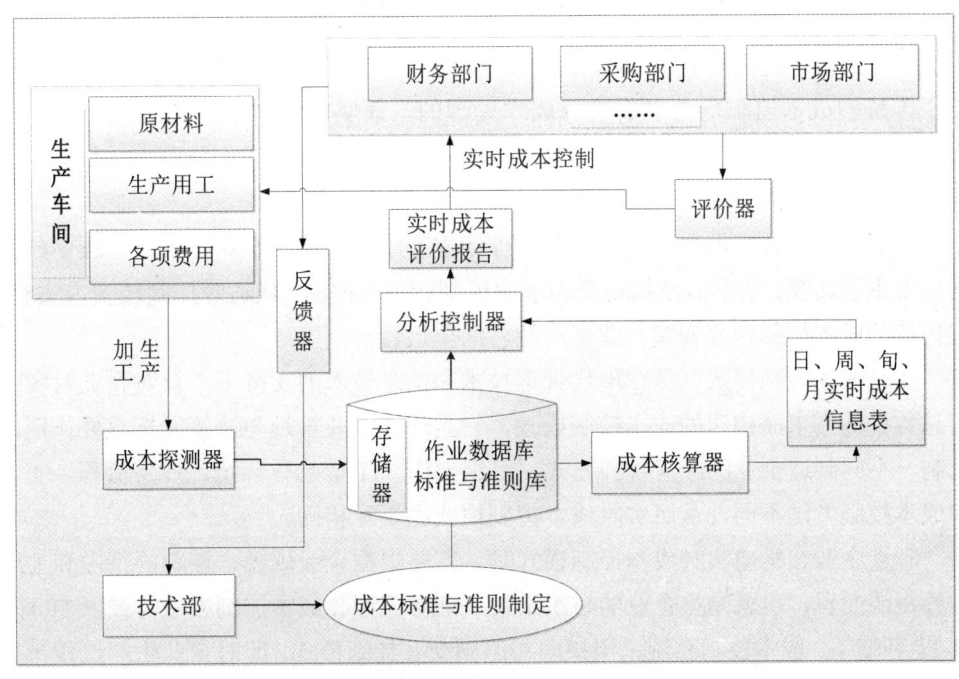

图 4-2　制造企业实时成本控制机理模型

3. 生产经营过程实时成本控制功能分析

制造业生产过程实时成本控制功能是指通过管理技术与信息化技术融合集成而形成的系统。为了达到生产过程实时成本控制的目的，实时成本控制必要的功能结构如图 4-3 所示。

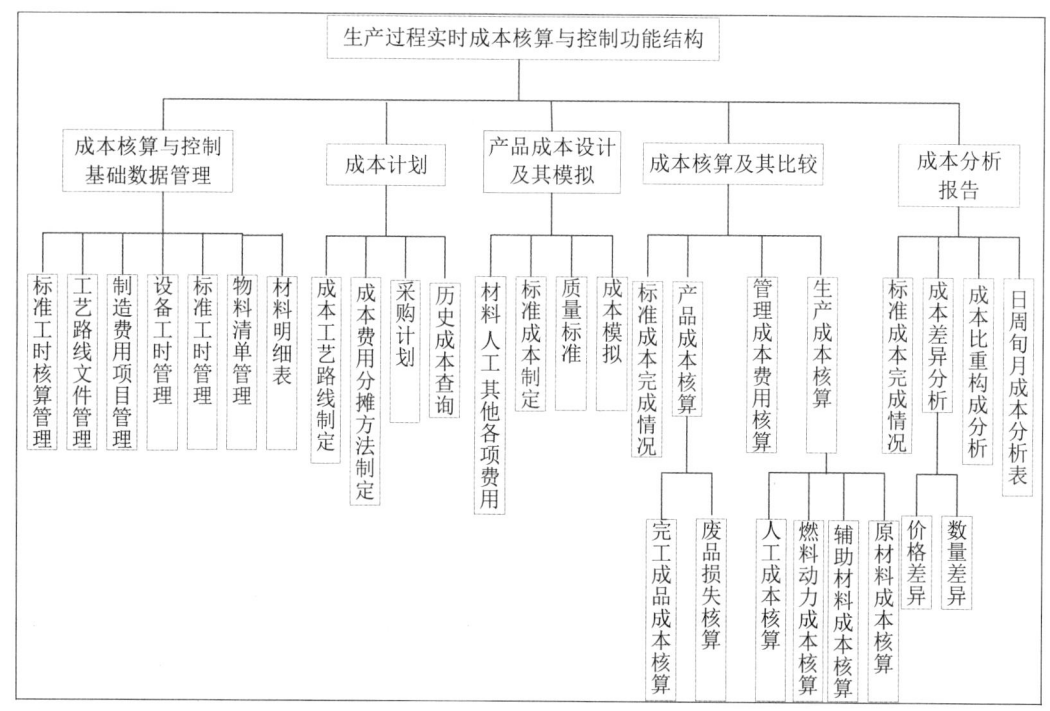

图 4-3　制造企业生产过程实时成本控制系统功能图

4. 生产经营过程实时成本控制模式分析

传统的成本控制均是事后进行成本处理的，而实时成本重要的是及时反馈成本信息，这就给成本控制带来了很大的困难。企业成本数据信息量十分庞大，信息来源复杂且分散，加大了实时采集数据的难度。

随着 IT 信息技术在制造企业的管理和生产中的应用，企业在生产过程中的成本控制也发生了转变，从事后控制转变为事中控制和事前控制，从适时控制转变为实时控制，将传统的成本控制转变为对企业生产经营的全过程控制。

实时成本控制模式就是在现代管理技术和信息技术的支持下，针对企业对实时成本信息数据的需求而构建的成本控制模式，它是现代企业管理与决策发挥重要作用的保障机制。不同制造企业的经营管理模式、组织架构、IT 信息化环境、业务流程、工艺流程和成本控制方法不同，从而实时成本控制模式也不尽相同。

制造企业在构建实时成本控制模式时，需要根据企业规模、控制的范围和力度合理进行资源配置，也就是将企业的组织结构、业务流程、成本控制方法等嵌入 IT 环境中。在 IT 环境下，成本控制系统采用横向与纵向交互控制模式，即对企业生产过程包含的价值增值成本进行实时监督与指导，具体构建模型参见第 4.2 节内容。

4.1.3 实时成本控制集成内容

制造企业生产过程实时成本控制模型就是要集成现代信息技术、现代管理技术和现代制造技术并应用到企业生产全过程的各个环节,从而提高企业产品价值和市场竞争力。因此随着企业"两化"的推进,企业生产过程和管理会出现新问题,需要企业更新观念,进行业务流程优化,建立新的管理模式,及时做出调整以适应外部市场的需求。[①]制造企业生产过程实时成本控制系统集成的生产流程、成本信息、成本控制、系统集成和技术集成,如图4-4所示。

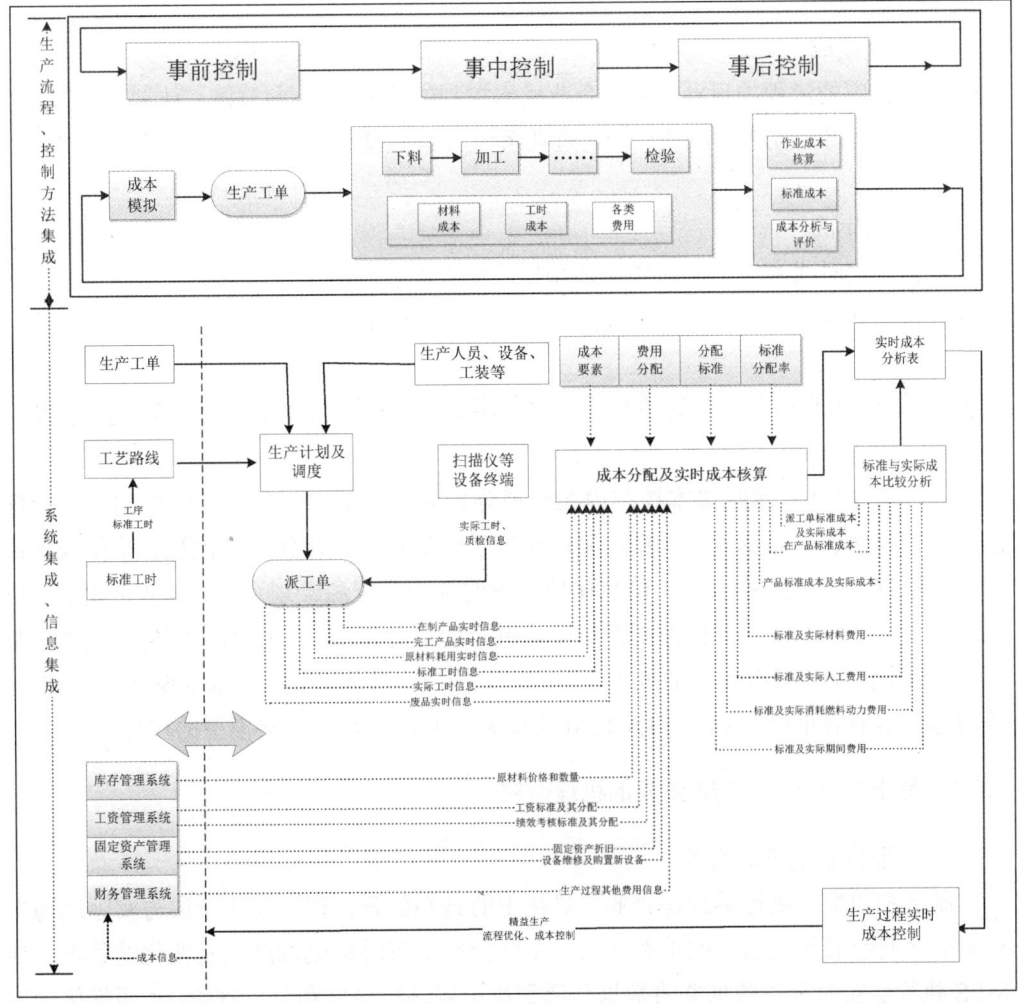

图 4-4 实时成本控制集成内容模型图

1. 理论集成

实时成本控制系统本身就是对现代成本控制论、精益生产理论、系统论和信息论、

---

① Vacharpoom, Benjiaoran. A cost control system development: A collaborative approach for small and medium-sized contractors [J]. International Journal of Project Management, 2009, 27 (3): 270-277.

管理和组织理论的集成和发展。

2. 系统集成

实时成本控制的系统集成是指基于 IT 信息化平台的企业资源计划系统（ERP/SAP）、制造企业生产执行系统（MES）以及终端的自动化控制系统（DCS/PLC）的集成。

3. 信息集成

基于 IT 信息化的企业实时成本控制模型，将企业生产经营活动的信息采集系统都纳入企业信息平台中，大量的数据通过平台从企业如生产管理系统、库存管理系统、人事管理系统等直接采集，使企业各子系统不再是信息的"孤岛"，业务信息能够实时转化为成本信息。

4. 流程集成

通过相应的流程的设计，实现企业成本控制的功能："事前预测、计划与模拟、事中核算与控制、事后分析与评价"，通过业务流程集成使企业的生产过程控制效能高、效力大。

5. 技术集成

实施"实时成本控制"需要由多种技术集成融合，特别是信息技术、自动化技术和管理技术的集成运用，才能充分发挥其功效，实现实时成本控制目的。

4.2 基于 LP+IT+ABCM 集成的实时成本控制框架模型的构建

通过第 4.1.2 节实时成本控制内在机理分析可知：第一，生产实时控制需要管理方法、思想和理念，如企业导入精益生产进行价值链管理、优化生产流程、降低成本；第二，需要 IT 信息化平台支撑，信息化技术指的是企业资源计划系统、制造企业生产执行系统和生产过程控制自动化控制系统集成融合的信息化平台，能够实时传递成本信息；第三，成本控制需要有先进的成本管理方法，使成本核算更精准，如 ABCM 方法的运用等问题。本节着重研究 LP+IT+ABCM 集成融合的机理及其框架模型的构建。

4.2.1 基于 LP+IT+ABCM 集成的机理研究

1. IT 平台系统集成机理

制造企业生产执行系统是企业信息化中的核心部分，在企业决策层与实际现场生产控制层之间起着承上启下的重要作用。生产控制层每时每刻都产生着变化的数据，通过 MES 执行层实时采集数据并将数据传递到决策层进行调度和分析评价，从而优化控制生产，如图 4-5 所示。这为企业积累了大量有效的第一手原始数据，为进一步的企业信息化和智能化打下坚实的基础。

（1）IT 内部各子系统集成

①企业资源计划。综合运用企业内外资源，提高生产效率和增强企业核心竞争

力。①ERP 中的计划管理与生产过程控制之间处在相互分离的状态，集成了 MES 才能最大程度地发挥系统的管理性能。

②制造执行系统。"互联网+"的大数据时代，为满足顾客需求，企业获得最大利益，需要实时了解生产现场的生产信息和实际性能。

MES 能够集成 ERP 系统保证计划的执行与控制管理。美国调查咨询公司对制造业集成研究，首次提出 MES 的概念及其在企业信息化中所处的位置。美国制造执行系统协会（MESA）对 MES 定义如下：优化管理整个生产过程，即通过信息传递从下达订单到完成产品制造。MES 以优化生产管理和运行为核心，实现优化调度和合理的资源配置，采集生产过程中的各种数据和状态信息，是连接生产计划与生产执行的桥梁，充分保证和改善了生产作业流程的协同性，在整个信息化集成中起着承上启下的作用。②

③生产自动化控制系统。结合企业的生产流程特点建立生产管控信息系统。纵向信息系统与接口友好衔接，可以将过程控制系统中产生的最底层生产成本信息通过 MES 快速准确地采集并传输到相关的设备装置、车间和工厂，从而进行综合分析，以实现不同作业之间的配合和优化。自动化过程控制系统相关自动化设备采用 PLC 程控器、条形码、数据采集器、各种计量及检测仪器、机械手等技术设备对生产现场各类数据信息进行采集和传输。

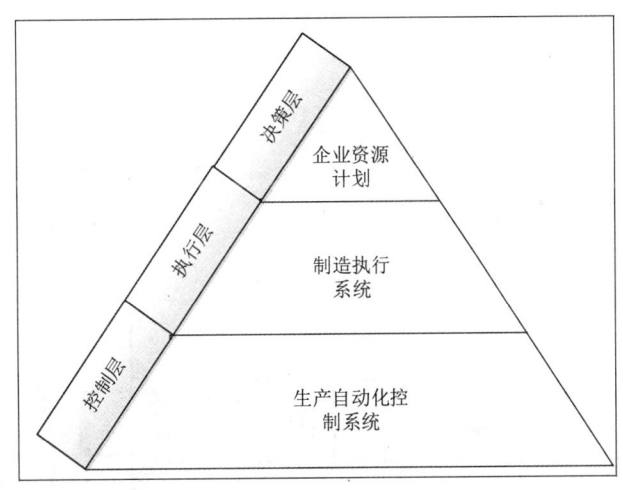

图 4-5　基于 ERP/MES/DCS 三层结构企业成本控制集成机理

（2）IT 内部各子系统集成目的

20 世纪末，美国提出了 MES，它位于上层 ERP/SAP 和底层 DCS/PLC 之间，是部门资源计划层和车间自动化控制层之间的信息传输纽带。其功能一是把资源和业务计划的指令传达到车间生产现场，二是将车间生产现场的信息实时采集、汇总、上传和处理。IT 信息化平台集成目的如图 4-6 所示。

---

① 罗鸿. ERP 原理·设计·实施[M]. 北京:电子工业出版社，2005：10-15.
② 王志新，金寿松. 制造执行系统 MES 及应用[M]. 北京：中国电力出版社，2006：35-48.

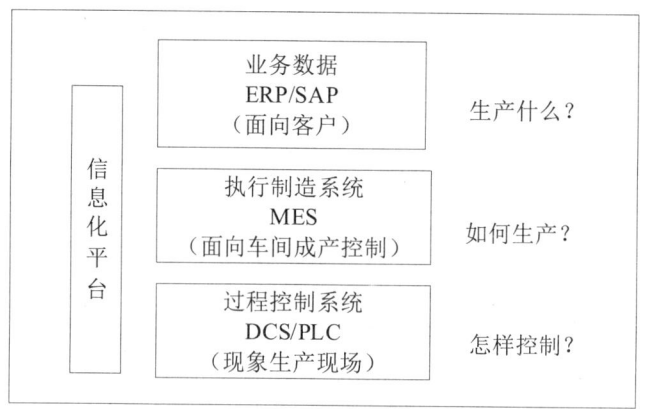

图 4-6　IT 信息化平台集成目的

2. LP+IT 集成机理

（1）LP+IT 集成原理。

信息化是实现实时成本的重要基础条件，应用现代信息技术，促进 IT 与管理技术融合，即：LP+IT（精益生产+信息化）的融合，需要信息化和精益生产同步推进。[①]原理如图 4-7 所示。

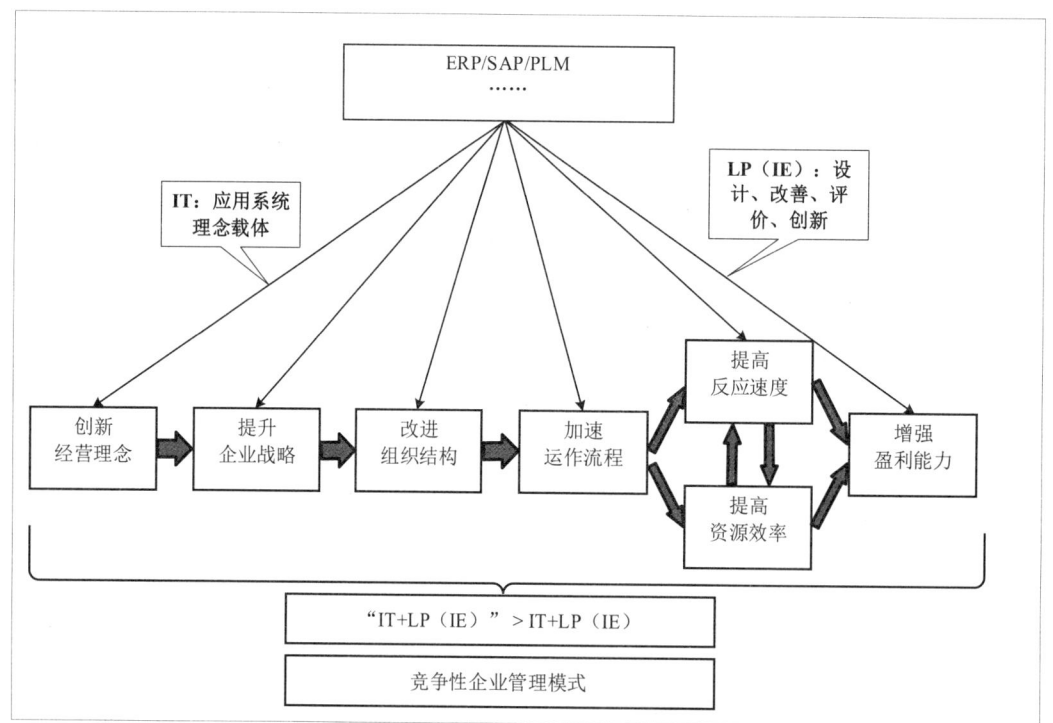

图 4-7　IT+LP（IE）：集成平台原理

---

① 工业工程与精益管理创新-百度文库-《互联网文档资源》(http://wenku.baidu.com/view/0b031261f5335a8102d22036.html) -2012-12-24 13:47:49.

（2）LP+IT 集成目的。

LP 这种生产组织管理方式适用于现代制造企业，其目的是消除无效劳动，提高生产质量和效率，强调实施改善；是从个体的动作效率和组织的整体上，发现和完善消灭浪费的一种工作方法；LP 相对柔性，是企业管理决策的思想路线和指导具体工作的方法。而 IT 则相对刚性，需要建立信息化规范。集成两者各自的优势，提高生产效率：通过运用 LP 理念对企业业务流程进行改善（BPI）或再造（BPR），对生产系统进行优化；通过 IT 采集、录入基础生产数据，为 ERP/SAP、CAM、PDM 等系统提供运行的基础，即生产数据，而精益生产技术则为这些数据的及时、准确获取提供了保障。

（3）支持管理与决策。

通过对企业大量的电子原始数据挖掘和科学加工处理后，生成企业迫切需求的信息，进行生产作业计划、物料采购计划和人力资源考评，为管理和决策提供支持。企业实施信息化后，大幅提高数据信息在采集、处理、存储及应用等方面的效率，有效提升企业管理的方式及效率。

将 LP 与 IT 有机融合，可以解决企业制造系统的绝大部分问题，促使两套先进的管理方法同时为企业生产活动服务，[①]以提高实施信息化的成功率和实现企业的战略目标，实现企业级"两化融合"。[②]LP+IT 集成的目的模型如图 4-8 所示。

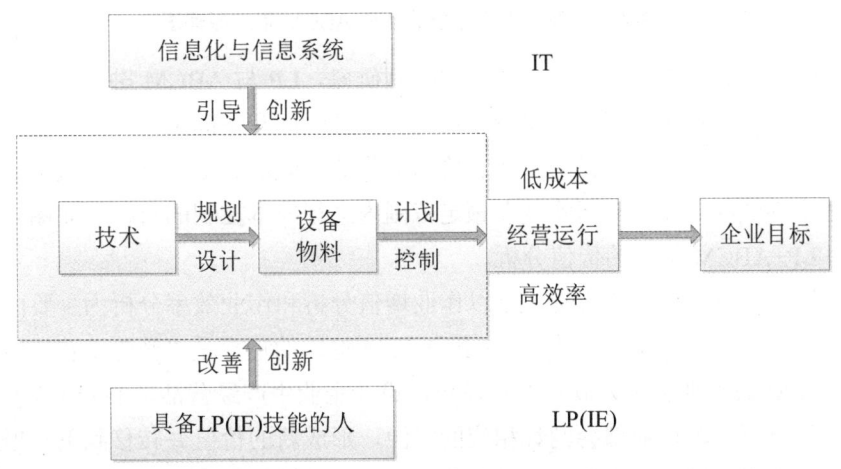

图 4-8　LP+IT 集成的目的模型

3. LP+ABCM 集成机理

（1）LP+ABCM 集成原理。

①LP 和 ABCM 都属于"面向流程的工程"。LP 从业务流程优化的角度来考虑与分析问题，为顾客创造增值服务，流程中不增值的服务项目将被排除，如图 4-9 所示。ABCM 是管理会计的一种主要工具方法，对生产经营活动中的各类作业进行指导、管理与控制，通过改善生产流程与产品服务，消除浪费，从而提高数据信息的质量，为企业的生产经

[①] 刘亮，齐二石. IE+IT：管控一体化系统实施的有效方法[J]. 中国制造业信息化，2011（11）：15-16.
[②] 齐二石，霍艳芳. 工业工程与管理[M]. 北京：科学出版社，2011：293-295.

营管理与战略决策提供支持。可见，LP 和 ABCM 的目的都是针对企业生产流程，根据业务和工艺流程进行有组织的活动，从而实现企业预期战略目标。①

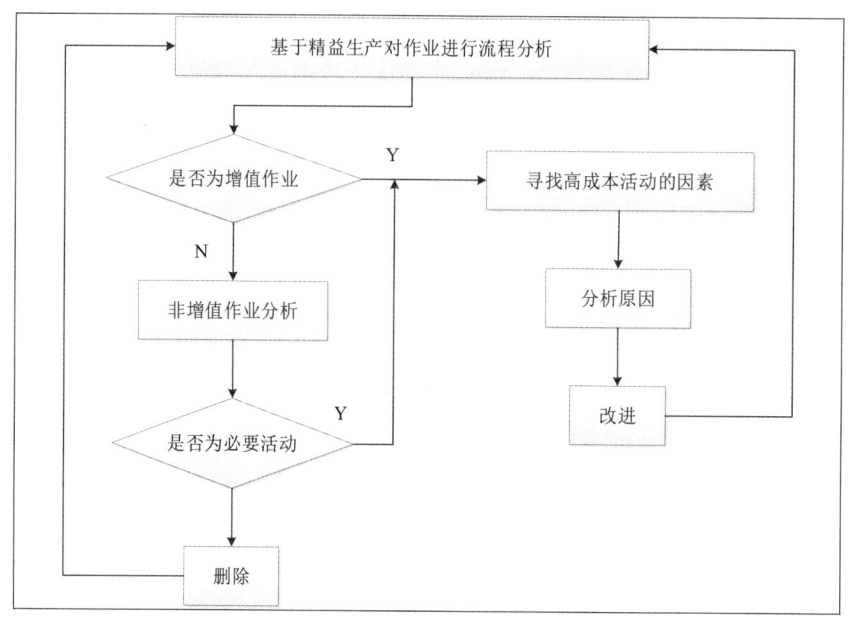

图 4-9 基于流程分析的 LP+ABCM 集成原理图

②LP 与 ABCM 的融合方式下的成本控制研究。LP 与 ABCM 融合方式下的成本控制同样是实施事前控制、事中控制和事后控制，从时间和空间上挖掘企业浪费的各种资源，发现差异并及时纠正；针对不增加价值的作业，采取有效措施，有效降低成本，纠正不利因素导致的偏差，从而实现在预定范围内进行成本控制的目标。如图 4-10 所示。

（2）LP+ABCM 集成的价值分析。

汪方军、陈琳、王平心等提出了以作业增值分析和作业效率分析为主要内容的作业基础成本改善的成本控制，表述了 LP 和 ABCM 追求的理念是"消除浪费、增加客户价值"。②ABCM 成本理念是为满足客户需求，设计企业生产经营活动的若干个作业流程。生产产品每进行一项作业都会消耗相应的资源，形成新的价值并转移到下一项生产作业中。生产流程循序渐进地进行，通过企业内部累积及转移的价值链，直至最终产品提供给外部客户，以满足客户的需求。每项作业都最终形成了客户价值，通过客户收回其价值，就形成了企业的收益。在生产和操作过程中，对于不增加价值的作业，ABCM 能够深入到作业层，改善增加价值的作业，消除不增加价值的作业，优化作业流程和价值链，同时增加"顾客价值"和"企业价值"，提升"客户满意度"，这也是优化流程的出发点和最终目的。因此，LP 和 ABCM 集成达到了价值共识和统一。

---

① 蒙秋男. 企业生产成本控制优化方法研究[M]. 北京：科学出版社，2014：20-30.
② 汪方军，陈琳，王平心，等. 作业基础成本改善控制研究[J]. 管理评论，2005（3）：42-46.

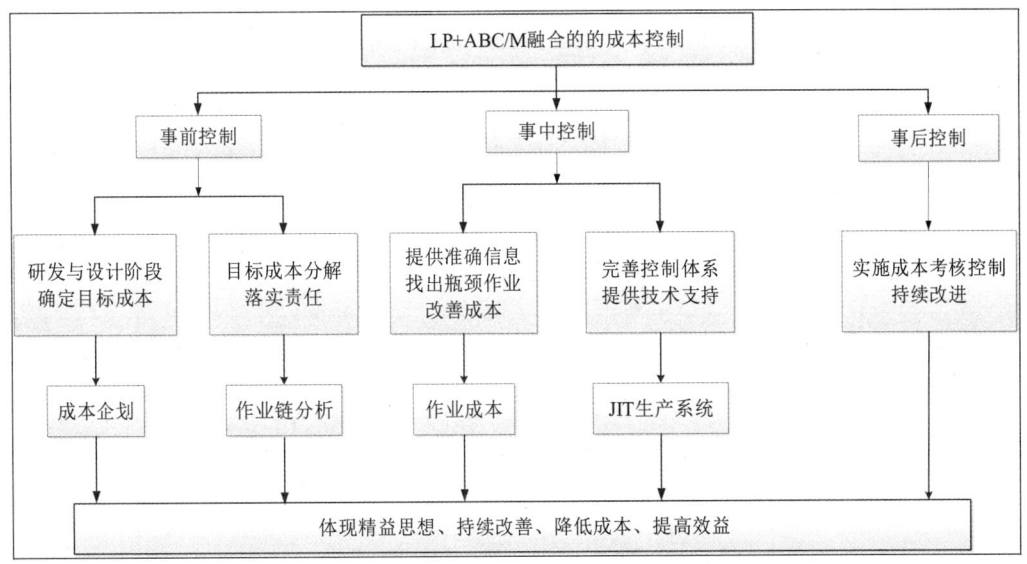

图 4-10　LP 与 ABCM 的融合方式下的成本控制

4. IT+ABCM 集成机理

（1）IT+ABCM 集成原理。

①IT 与 ABCM 为企业提供成本决策信息的目标一致。成本信息在企业的生产经营管理决策中具有重要作用，在 IT 中利用 ERP/SAP 等系统提供所需的成本信息制定企业经营决策，而 ABCM 本身就是一个成本计算与控制方法。IT 与 ABCM 集成，在 IT 平台中采用 ABCM 核算产品成本，能够为企业制定决策提供精准的成本信息，提高企业的经济效益。

②IT 平台为 ABCM 的成功实施提供了环境支持。ABCM 在不同作业中心的作业动因不同，需要建立多个作业成本库，需要确定不同的资源分配率和作业分配率，成本费用归集与分配工作量繁重。因此，ABCM 的实施需要借助 IT 手段进行核算与管理。而 IT 平台具备了实施 ABCM 的软硬件环境。

综上所述，将 ABCM 融入 IT 平台中，既能让 ABCM 快速有效地实施，又能提高 IT 平台的成本管理职能。因此，ABCM 与 IT 平台可以进行有效的集成融合，二者在企业管理中起着互相弥补的作用，如图 4-11 所示。

（2）IT+ABCM 集成目的。

ABCM 的最终目的是消除作业链中一切非增值的作业，促进企业整体价值链的优化，确立企业竞争优势。IT（包含 ERP、SAP 等系统）是把企业的每一项生产经营活动作为供应链上的一个节点，并转化为一种流动的数据信息；使用 IT 的目的也是通过对企业资源进行优化配置，提高企业的运营效率及竞争能力。总之，ABCM 和 IT 都是基于供应链管理进行生产经营活动的，最终都是为了实现企业价值和顾客价值。

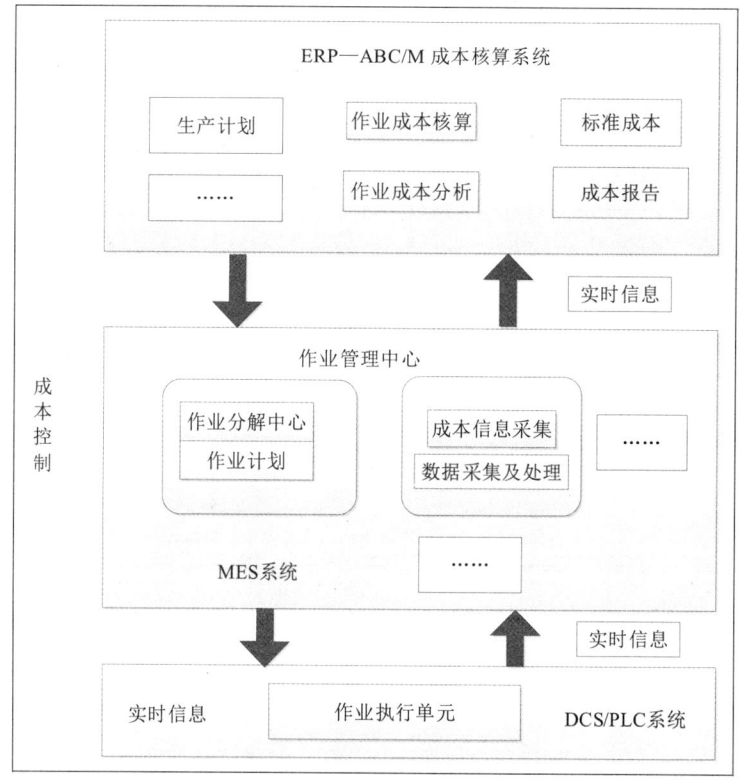

图 4-11 IT+ABCM 集成框架

4.2.2 基于 LP+IT+ABCM 集成的三层实时成本控制框架模型

通过上述对制造企业固有的特点、生产成本控制的现状、实时成本控制的意义、实时成本控制的机理和系统集成相关理论等的研究和分析,本书构建了基于 LP+IT+ABCM 集成的三层(决策、执行、控制)框架的生产过程实时成本控制模型,如图 4-12 所示。

1. 三层框架模型概述

基于 LP+IT+ABCM 集成的三层框架实时成本控制模型主要包括企业整体运营管理、生产过程运作管理和作业实时监控管理三大模块。

第一层:生产成本管理辅助决策层。相关成本信息的及时传递由 ERP 系统来实现,各管理部门根据企业内外环境,进行成本战略分析的基础上,制定出企业标准(或目标)成本,按照订单信息估算制造成本,并根据标准作业成本法,将作业计划传递给下一层执行系统。同时接受下一层系统上传的成本信息和报告,对企业作业流程进行调整和优化,减少不增值业务。

第二层:生产成本管理控制层。主要由 MES 实现及时信息传递。在该层完成标准作业成本法的整个过程,包含三大模块,即从事前控制到事中控制再到事后成本分析控制,主要需要完成以下工作:①划分作业中心,构建生产经营过程中各作业中心成本库,最后形成不同的作业中心和动因库。②进行成本计划管理。依据订单制定作业成本计划,以便于对生产过程中各成本实行严格的控制。③完成成本信息的采集和管理工作,成本核算的基础是对生产成本信息的及时采集,因此及时收集成本信息,并按照作业成本原理,对采集到的数据和第一层的 ERP 信息系统及时对接,形成及时的成本报表信息,以供管理层及时作出成本管理和控制的决策。④及时进行成本分析、核算,以及撰写包含成本差异分析和成本变化趋势分析等的成本报告。

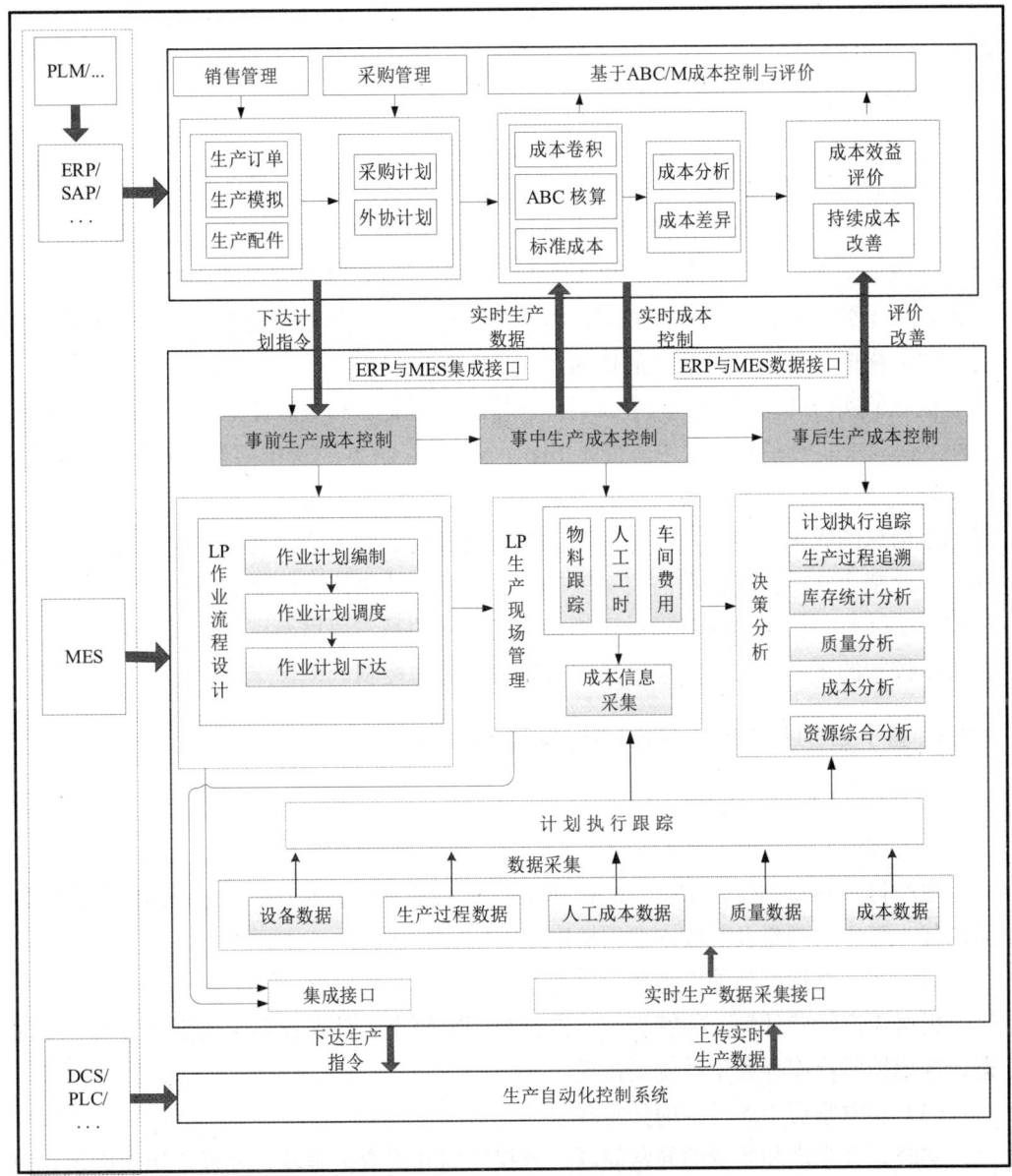

图 4-12　LP+IT+ABCM 集成:生产过程实时成本控制框架模型

第三层:制造执行层。接受从上层(MES)传来的实时作业计划指令,并且在生产现场实时执行这些指令,把结果数据信息实时传递给第二层。成本信息管理不仅要满足实际生产作业的需要,还要能够汇总生成制造执行层和企业规划层所需的生产成本信息,成本相关数据的实时获取与反馈是过程控制层的关键所在。

2. 模型重要的关键因素

（1）成本核算与分析方法。

选择正确且合适的成本核算方法至关重要，成本信息的核算是对生产实时控制与调整的重要依据。本书将标准成本法与作业成本法相结合，结合了两种方法的优势，成本核算报告和成本差异分析是财务管理部门做出成本计划调整和决策调整与控制的关键依据，因此成本核算方法及模型的选择至关重要。本书将在第 5.2 节重点介绍成本核算与分析方法及其模型。

（2）LP 生产流程的优化。

随着企业生产和管理方法不断创新，企业实施 LP 能够提升企业资源利用效率，促使企业经济效益最大化。在激烈的市场环境下，现代企业之间的竞争已经扩展到整个价值流的成本竞争，制造企业开始引入 LP 及其理念。LP 进行生产流程的优化，消除不增值作业和无效劳动，降低生产成本，对实现企业的目标起着至关重要的作用。

（3）横向、纵向实时信息的传递。

信息的实时传递取决于两个因素：一是制造型企业相关软件系统、硬件系统的配套使用，在成本实时控制模型中主要是 ERP、MES 和 DCS 三层框架软件系统的配套使用，以实现各层之间信息的及时传递。二是对各种成本信息的及时收集和整理，这取决于各层内部信息的收集与传递，各层内部信息流需要随着物流的变动实现及时动态跟踪与传递。因此整个实时控制模型需要实现横向、纵向间的物流、信息的相互传递，体现在该模型中实际是三横三纵的信息循环体系。三横指的是三层框架模型，而三纵实际上体现在成本控制的事前、事中和事后成本信息的传递与控制。

4.2.3 基于 LP+IT+ABCM 集成解决的成本控制问题

1. 实时解决生产过程中出现的多种问题

（1）实时掌握工序产量和成本。

生产订单跟踪到位，掌握产品在哪个加工工序生产了多少数量，可及时了解任何产品的任一工序的产量及其成本费用情况。

（2）实时掌握产品加工进度。

根据生产经营计划，能够指挥、控制和调整每个工件在设备上的生产进度，实时动态、准确地掌握库存和生产现场情况。

（3）实时掌握生产过程的异常现象。

实时反馈生产和质量的异常问题，查找原因并采取措施及时处理，防止因延误时间而造成损失。

（4）实时解决生产过程中的故障问题。

LP、IT 与 ABCM 集成后，发生故障后的信息反应速度快，维修时间、待料时间、不合格产品等待时间缩短，修理及时性得到大幅度提高，降低了损失，防止因时间的延误而产生损失。

（5）实时掌控生成过程的全面信息。

LP、IT 与 ABCM 集成后，全面共享信息，加快生产现场统计分析速度，随时把握关键工序状态、产品完工程度和库存状况。帮助企业提高生产效率，加强成本控制，增强核心竞争力。

2. 能够解决生产现场"黑箱"作业问题

制造企业生产过程成本控制很重要的内容就是生产过程的信息化和自动化的融合，生产设备的使用和维护情况，仪表仪器的损耗程度，生产物料的耗用速度，产品成本的可追溯性等。掌握了上述这些情况，成本控制的方案就有了依据和针对性，实时控制成本才成为可能。另外，产品生产过程的数据信息为管理者的有效决策提供强有力的支持，及时发现和处理生产过程的生产和质量问题，将这些问题消灭在萌芽状态。制造企业生产和管理处于落后时期，在生产现场中没有一个完整的信息反馈，生产现场犹如一个"黑箱"。如何实时获取企业生产计划执行情况、产品质量跟踪状况、成本控制等信息？采取什么样的手段？只有解决这些问题，管理者才能实时有效地下达生产经营计划，实时有效掌握生产动态信息，保证管理措施的有效实施和执行。

要使生产过程透明化，帮助企业打破"黑箱"，需要借助 IT 平台的 MES，监督和控制产品的全部生产过程，能够动态实时记录产品生产过程中的人工、物料、应用设备、产品在每个工序上生产的时间等数据信息，并经过 MES 加以分析汇总，实时呈现生产的人员/设备/物料的利用状况、生产现场的生产计划和目标完成程度、产品品质状况，使整个生产现场透明化管理。

MES 有一套完整的追溯体系，能够打破"黑箱"是因为它涵盖了生产过程的追溯、产品的追溯、原材料和生产工具的消耗情况等。ERP 系统的宏观的生产即投入和产出，对于生产过程仍然是一个成本"黑箱"，所以借助 MES 打开这个成本"黑箱"，分析清楚每一项作业的成本归属问题，使成本透明化，明确产品成本到底是由哪些部分组成，如何降低成本，从哪些方面降低成本，做到有据可循。MES 是打开生产管理"黑箱"的金钥匙，受到越来越多的企业青睐，MES 在企业中的应用正逐步被企业所采纳和深化。

4.3 应用 ABCM 在成本控制方法上的可行性和应用价值实证研究

4.3.1 ABCM 在成本控制方法上的可行性研究

1. 传统的企业成本控制存在误区

（1）过分关注直接生产成本。

传统成本控制集中于产品在制造过程中产生的直接成本，忽视了企业成本发生全过程中的其他成本，如产品设计成本、采购成本、服务成本等。从产品本身控制成本，不利于寻找驱动成本的动因，造成产品成本分摊时的信息失真，使得不同产品之间造成"成本转移"。

（2）忽视对整体经营活动的掌控。

传统成本控制以产品为控制对象，对具体作业的管控力度不够，容易导致企业各个部门间相互独立，欠缺沟通，个别部门片面化追求业绩最大化，导致整体利益受损。

（3）成本信息处理方式落后。

当前多数企业内部信息搜集、处理系统不完善，数据采集、分析技术落后，人工处理数据缺乏时效性，加上成本信息控制标准的单一化，使得成本信息不能最大程度地为企业管理提供数据支持。

2. ABCM可提高整体成本管控水平

企业成本核算与控制的核心要有高效合理的成本核算制度和方法来支撑。

（1）成本控制细化到具体作业层面。

ABCM要求对每一项作业进行精确的成本管理和控制，将成本管理的起点和核心由产品层面转移到作业层面，根据作业链条上的具体作业点，动态监控成本发生过程，改善和处置非增值作业，实现成本控制的目标。

（2）提高企业管理决策所需信息的质量。

通过企业LP、ERP系统和MES的数据基础和技术支持，企业可根据自身情况对原有的成本管理系统进行创新完善，与现代管理会计控制技术系统相结合，对生产过程进行实时动态监控，提供企业管理决策需要信息的准确性和完整性。

4.3.2 ABCM在成本控制方法上的应用价值的实证研究

为进一步探讨ABCM的实际应用价值，本书选取实施作业成本法和未实施作业成本法的企业作为研究样本，其中筛选ABCM制造业上市公司遵守如下原则：财务成本报表中含作业类型报表和基于作业成本核算的实际/差异的报表；公告中披露使用ERP/SAP的作业成本法或含有作业成本管理模块的IE智能管理系统。

1. 研究方法及其变量的选取

ABCM以作业成本法的基本原理为核心，通过实施作业成本法的信息系统，辅助企业建立作业成本核算体系，并对该体系产生的成本信息进行管理，将企业管理深入到作业水平，对产品生产过程乃至产品寿命周期产生的全部成本内容进行动态分析和管控，优化作业链和价值链管理，降低生产成本，促进企业资源配置优化。因此，ABCM在生产成本控制方面发挥重要作用，有必要对其可行性和实际应用价值进行研究。

从国内外研究成果来看，对于ABCM的研究大多集中在理论层面和具体应用层面，也有少数学者研究ABCM与企业价值、企业绩效之间的关系，研究结论对ABCM与企业价值、企业绩效之间的关系也存在不同意见。尽管学者对ABCM的实施效果的研究角度不一，但有一点是肯定的，即ABCM的实施对企业绩效及其营运管理是有一定的成效的。本节通过ABCM对制造企业上市公司的营运能力和盈利能力予以研究，通过宏观层面和中观层面对ABCM的价值加以研究，选取回归分析方法测算ABCM的实施对企业盈利能力和企业运营能力的影响程度，其测算模型如下：

$$Y = \alpha_0 + \alpha_1 ABC + \alpha_2 SIZE + \alpha_3 AGE + \alpha_4 ZJ \qquad 公式（4-1）$$

其中 ABC 代表企业是否实施 ABC 方法，如果公司实施了 ABC 方法，则 ABC=1，否则 ABC=0，Y 代表企业盈利能力和企业运营能力；为了消除行业内企业规模大小、企业软硬件配置，以及企业不同发展期对企业效益的影响，本书还选取了企业规模（SIZE）、资本密集度（ZJ）和企业年限（AGE）三个指标作为控制变量。具体变量指标的选取及其计算如表 4-1 所示。

表 4-1 变量的选取与定义

变量类型	变量名称	变量代号	指标解释
因变量定义	总资产报酬率	X_{11}	评价企业运用全部资产的总体获利能力
	净资产报酬率	X_{12}	反映企业资产综合利用效果
	销售净利率	X_{13}	该指标的变动情况和企业扩大销售的同时，注意改进企业经营管理状况
	投入资本回报率	X_{14}	用于衡量投出资金的使用效果
	营业成本率	X_{15}	和同行业比较，确定改进方向
	总资产周转率	X_{21}	该指标研究资产的利用情况，处理闲置资产或提高资产利用效率
	流动资产周转率	X_{22}	对比分析，充分有效地利用流动资产，降低成本，加强企业内部管理
	存货周转率	X_{23}	综合性指标，能够衡量和评价企业供产销等各环节生产经营管理状况
	应收账款周转率	X_{24}	该指标越高，反映应收款回收越快。反之，反映滞留在应收账款上的营运资金越多
	营运资本周转率	X_{25}	该指标反映企业营运资本的经营效率，反映每投入 1 元营运资本所能获得的销售收入
自变量定义	虚拟变量 ABC	1	实施或采用 ABCM 相关管理理念的企业
		0	没有实施或采用 ABCM 相关管理理念的企业
控制变量定义	企业规模		企业总资产衡量
	资本密集度		企业资本劳动比率
	企业年限		考察年份-企业成立年份+1

2. 样本的选取与处理

借鉴熊焰韧的研究结论，发现目前我国导入 ABC 方法进行成本核算的企业不多，其原因主要如下：一是 20 世纪末国外 ABC 成本核算开始应用之际，我国企业对其认识和掌握程度有一定的差距。[①]直至 2000 年，朱云、陈工孟等研究分析了中国香港地区的 ABC

---

① 熊焰韧,苏文兵. 管理会计实践发展现状与展望——先进管理会计方法在中国应用状况调查[J]. 会计研究,2008(11): 84-90.

在企业的应用情况,同时国家没有出台相关的政策支持。①二是大多数企业认为我国缺少实施 ABC 技术的经验,其过程复杂、实施成本较高和收益不确定。三是认为目前的成本核算与分析方法能够满足企业对成本信息的需求。加之受到我国企业组织结构、成本结构和规模差异等因素的影响,我国实施 ABC 的企业数量相对较少。尽管近些年我国企业对 ABC 方法的应用处于上升趋势,但筛选样本时发现还是受到了数量的限制。

本书通过对近 2000 家上市公司的网络调研及上市公司信息披露的年报和公告分析,最后选取样本为沪深两市的上市公司。为了进一步探讨 ABCM 在成本控制上的应用价值,本书选取实施 ABCM 和未实施 ABCM 的上市公司作为研究样本,并进行了配对实证研究。基于 27 家采用 ABCM 方法的上市公司,同时为了保证可比性,找到行业相同、类型相同的配对企业 27 家,共计对 54 家企业进行实证研究。因此,本书研究制造企业 2007—2014 年总有效样本数量为 432 个样本。研究样本筛选原则如下。

①上市公司中实施 ABC 或采用 ABM 相关理念的企业,在其公告中明确披露使用 IE 智能管理系统(含作业成本管理模块)或基于 SAP 的作业标准成本法,以及财务成本报表中含作业类型报表和实际/差异报表(基于作业成本核算)。

②剔除中途退市企业。

③剔除 ST 类企业。

④剔除 2007—2014 年各个年度财务报告中数据信息披露不完整的企业。

样本数据主要来源于国泰安数据库、万德数据库。为了客观合理地对本书进行实证研究,还选取了企业规模、资本密集度和企业年限三个指标作为控制变量,以尽可能消除行业内企业规模大小、企业软硬件配置,以及企业不同发展期对企业效益的影响。

3. ABC 实施效果的实证分析

本书借助于 STATA 统计软件,利用公式(4-1)对数据进行回归分析。在模型的构建过程中,由于企业规模数据相对其他指标数据来说,绝对值过大,且其他指标为相对数,企业规模为绝对数,为保证测算结果的准确性,将企业规模变量取对数后放入模型,结果如表 4-2、表 4-3 所示。

表 4-2 ABC 的实施对企业盈利能力影响的回归结果

变量名称	总资产报酬率(y1)	净资产报酬率(y2)	销售净利率(y3)	投入资本回报率(y4)	营业成本率(y5)
abc	0.0793* (1.85)	1.1099*** (3.37)	1.0500*** (3.07)	1.1212*** (3.41)	0.0390*** (3.26)
企业规模	0.0607 (0.7873)	0.0106*** (1.9665)	0.84365** (3.80)	0.00342 (0.84)	-0.014*** (-4.62)
资本密集	0.0352*** (49.59)	1.1681*** (213.73)	4.0280*** (181.06)	1.1680*** (214.06)	-0.0015*** (-7.63)

---

① 朱云,陈工孟. 作业成本法在香港应用的调查分析[J]. 会计研究,2000(8):60-65.

续表

变量名称	总资产报酬率（y1）	净资产报酬率（y2）	销售净利率（y3）	投入资本回报率（y4）	营业成本率（y5）
企业年龄	−0.0031	−0.0422	−0.7851	−0.0400	−0.0005
	(−0.74)	(−1.31)	(−1.10)	(−1.24)	(−0.40)
_cons	−0.0278	−1.6184***	−33.4146***	−1.6725***	0.7959***
	(−0.41)	(−3.10)	(−2.90)	(−3.21)	(41.97)
R-sq	0.852	0.991	0.987	0.991	0.853

注：t statistics in parentheses $* p<0.1, ** p<0.05, *** p<0.01$

表 4-3 ABC 的实施对企业营运能力的影响

变量名称	总资产周转率（yy1）	流动资产周转率（yy2）	存货周转率（yy3）	应收账款周转率（yy4）	营运资本周转率（yy5）
abc	0.2940***	0.7302***	0.1955	72.7619***	38.2520
	(6.48)	(8.03)	(0.38)	(2.89)	(0.96)
企业规模	0.0338***	0.2439***	0.0393**	3.554	−9.7113
	(2.37)	(7.04)	(0.23)	(0.23)	(−0.74)
资本密集	−0.0018**	−0.0027*	−0.6089***	65.8306***	−0.0063
	(−2.40)	(−1.77)	(−2.84)	(4.79)	(−0.01)
企业年龄	−0.0151***	−0.0446***	0.0937*	−0.0911	−0.6992
	(−3.39)	(−5.01)	(1.93)	(−0.04)	(−0.18)
_cons	1.0708***	1.9878***	5.7707***	−59.2797	15.1737
	(14.91)	(13.81)	(6.89)	(−1.41)	(0.24)
R-sq	0.782	0.803	0.647	0.859	0.802

注：t statistics in parentheses $* p<0.1, ** p<0.05, *** p<0.01$

（1）ABC 的实施对企业盈利能力的影响

从表 4-2 可以看出，企业实施 ABC 方法对企业盈利能力影响的拟合效果较好，其拟合程度R^2均大于 0.8，各回归模型如下：

$$Y1 = -0.0278 + 0.0793ABC + 0.0607SIZE - 0.0031AGE + 0.0352ZJ$$
$$Y2 = -1.6184 + 1.1099ABC + 0.0106SIZE + 1.1681AGE - 0.0422ZJ$$
$$Y3 = -33.4146 + 1.05ABC + 0.843656SIZE - 0.7851AGE + 4.028ZJ$$
$$Y4 = -1.6725 + 1.1212ABC + 0.0034SIZE - 0.0400AGE + 1.1680ZJ$$
$$Y5 = 0.7959 + 0.0390ABC - 0.014SIZE - 0.005AGE - 0.0015ZJ$$

说明实施 ABC 成本核算方法可使企业总资产报酬率提高约 0.079%。从对盈利能力指标的影响来看，ABC 的实施对投入资本回报率、净资产报酬率的影响较大，其中投入资本回报率平均比未实施 ABCM 的企业要高 1.12%，净资产报酬率平均比未实施 ABCM

的企业要高 1.11%。这表明，ABCM 的实施可以加大对企业各项成本费用的管控，提高企业资金使用率和营业利润，一定程度上促进企业盈利能力的提高。

（2）ABC 的实施对企业营运能力的影响

从表 4-3 可以看出，企业实施 ABC 方法对企业盈利能力的影响也较为显著，其回归模型如下：

$$yy1 = 1.0708 + 0.2940ABC + 0.0338SIZE - 0.0018AGE - 0.0151ZJ$$

$$yy2 = 1.9878 + 0.7302ABC + 0.2439SIZE - 0.0446AGE - 0.0027ZJ$$

$$yy3 = 5.7707 + 0.1955ABC + 0.0393SIZE + 0.0937AGE - 0.6080ZJ$$

$$yy4 = -59.2797 + 72.7619ABC + 3.355SIZE - 0.091AGE + 65.84ZJ$$

$$yy5 = 15.1737 + 38.252ABC - 9.7113SIZE - 0.699AGE - 0.0063ZJ$$

从回归结果模型可以看出，企业使用 ABC 成本核算法，对提高企业营运能力的影响较为显著，尤其是企业应收账款周转率和营运成本周转率，实施 ABC 的企业可将企业应收账款周转率提高约 72.76%，营运成本周转率提升约 38.25%。ABCM 强调对作业链——价值链的管控，识别增值作业和非增值作业，精确地管理价值流，提高企业经营运行能力，以此带动企业营运能力的提高。

ABCM 在企业生产过程中可以通过作业分析和作业改善，对企业价值链进行深入管控和优化，从战略管理的角度寻找降低成本的契机，有效加强企业整体成本控制。

4. 实施 ABC 与未实施 ABC 的企业盈利能力、营运能力的比较

为了更进一步地验证回归结果的可靠性，本书应用 T 检验法对实施 ABC 与未实施 ABC 的企业各项盈利能力和运营能力的指标进行了比较和检验，检验所对应的原假设和备择假设分别如下。

H_0：企业盈利能力与 ABC 实施与否没有关系。

H_1：企业盈利能力与 ABC 实施与否有关系。

根据 T 检验的原理对实施 ABC 与未实施 ABC 的企业各指标进行均值是否相等的 T 检验，若均值相等则说明 ABC 的实施没有起到应有的作用，即接受原假设，否则拒绝原假设，认为 ABC 的实施起到了作用。

借助于统计软件，其检验结果如表 4-4 和表 4-5 所示。

从表 4-4 可以看出，所有 T 检验对应的 sig 值均小于 0.05，说明在 0.05 的显著性水平下，可以拒绝 H_0，认为 ABC 的实施对企业盈利能力有显著影响。其结果与回归分析的结果相一致。

从表 4-5 的检验结果来看，存货周转率所对应的 sig 值大于 0.05，说明 ABC 的实施对存货周转率没有影响，但对总资产周转率、流动资产周转率以及营运资本周转率均有显著影响，在 0.1 的显著性水平下，应收账款周转率也显著。

表 4-4 ABC 的实施对企业盈利能力影响的 T 检验

指标假设		方差方程的 Levene 检验		均值方程的 T 检验				
		F	Sig	T	df	Sig（双侧）	均值差值	标准误差值
资产报酬率	假设方差相等	5.20	0.022	-3.025	429	0.044	-0.049	0.033
	假设方差不相等			-3.022	217.424	0.045	-0.049	0.033
净资产报酬率	假设方差相等	0.132	0.716	3.539	429	0.002	0.013	0.016
	假设方差不相等			3.539	419.132	0.002	0.013	0.016
销售净利率	假设方差相等	5.808	0.016	-3.185	429	0.037	-1.481	1.250
	假设方差不相等			-3.182	214.002	0.038	-1.481	1.252
投入资本回报率	假设方差相等	2.234	0.136	3.031	429	0.040	0.004	0.0120
	假设方差不相等			3.031	273.427	0.041	0.004	0.0121
营业成本率	假设方差相等	0.044		-3.712	428	0.000	-0.043	0.011
	假设方差不相等			-3.706	380.223	0.000	-0.043	0.011

表 4-5 ABC 的实施对企业营运能力的 T 检验

指标假设		方差方程的 Levene 检验		均值方程的 T 检验				
		F	Sig.	T	df	Sig（双侧）	均值差值	标准误差值
总资产周转率	假设方差相等	14.026	0.000	-7.268	428	0.000	-0.331	0.045
	假设方差不相等			-7.279	391.265	0.000	-0.331	0.045
流动资产周转率	假设方差相等	60.542	0.000	-9.118	428	0.000	-1.039	0.113
	假设方差不相等			-9.150	275.382	0.000	-1.039	0.113
存货周转率	假设方差相等	1.575	0.210	-.854	428	0.392	-1.028	0.487
	假设方差不相等			-.854	418.728	0.392	-1.028	0.488
应收账款周转率	假设方差相等	2.295	0.131	-1.690	428	0.092	-40.145	23.755
	假设方差不相等			-1.688	393.005	0.092	-40.145	23.787
营运资本周转率	假设方差相等	3.839	0.051	-2.107	428	0.036	-32.811	38.401
	假设方差不相等			-2.108	215.294	0.036	-32.811	38.223

4.4　本章小结

本书通过对实时成本控制相关理论的研究和对大量相关文献的梳理，对我国制造企业成本控制的现状和存在问题进行研究，以及通过对制造企业的问卷调查和 20 家大中型企业实地考察研究，提出了基于 LP+IT+ABCM 集成融合的制造企业生产过程实时成本控制模型与应用课题研究。

第一，本章对制造企业生产过程实时成本控制机理进行了深入研究。生产过程实时成本控制实质是借助 IT 平台利用各种管理工具进行实时采集数据、计算和分析成本信息，其实际成本与标准成本指标对比，形成实时成本报告，通过实时成本核算与控制为企业的生产经营服务。

第二，提出了精益生产是制造企业生产过程实时成本控制的优化路径；IT 平台系统是实时成本控制的基础条件。

第三，研究了 LP+IT+ABCM 集成的机理，构建了基于 LP+IT+ABCM 的三层（决策、执行、控制）框架的生产过程实时成本控制模型。

第四，通过对制造业上市公司应用 ABCM 在生产成本控制方法的可行性和应用价值进行实证研究，研究认为实施 ABCM 的企业能够提高企业的盈利能力和营运能力。

第 5 章 智能制造企业实时成本核算与控制方法选择与模型研究

"互联网+"时代，随着企业现代化程度的不断提高，经营模式的不断创新，制造技术的不断改进，越来越短的产品周期以及日益激烈的竞争，对企业成本核算与控制要求也在不断提升。与此同时，传统的成本计算方法是对一定会计期间的数据进行汇总，但不能对成本消耗情况进行实时反映和控制。这种传统的成本计算与控制已经无法满足现代企业成本管理的需要。

随着信息技术的发展，借助 IT 平台融合 ABCM 进行企业成本管控，可以克服传统成本控制模式的缺陷。作业成本法能够更准确地核算实际成本并逐渐被企业所采用，通过对企业作业链进行分析，确定成本动因，并与标准成本进行比较，分析成本各因素情况，进行生产过程实时成本控制。

5.1 智能制造企业生产过程实时成本核算与控制方法的选择

成本核算就是对实际生产所发生的各种成本费用数据进行核算与归集。企业规模、经营性质和项目、生产工艺过程和生产组织各不相同，企业的生产有不同的特点，成本计算对象和计算方法也不同。但是，无论企业生产哪类产品，成本核算的基本原理和基本过程大体都是一致的，即都是在生产经营过程中发生费用和形成产品成本。

随着时代的变迁，IT 环境下的成本核算就是要解决由于业务量大造成的成本计算不及时、不精确，以及成本分配不合理的问题，从而实现成本核算过程的透明和可追溯，有利于进行成本控制。

5.1.1 ABCM 核算与基本控制原理分析

现代管理学将 ABC 定义为"基于活动的成本管理"。ABC 主要涉及资源和资源动因、作业链、作业和作业动因、作业中心等。

ABC 定义中的"资源"是指经济学研究的资源，也是指生产过程中所使用的投入，即生产经营过程中消耗的全部成本费用，包括生产产品的直接材料、直接人工、各种间接费用等，是产品成本核算的基础。资源动因是指各类资源被各作业消耗的方式和原因，是引起作业成本变动的因素，也是把资源成本分配到各作业中心的基本依据。

应用 ABC 方法核算产品成本，确定作业类型，ABC 成本核算法通常将生产作业划分为如图 5-1 所示的四类作业。

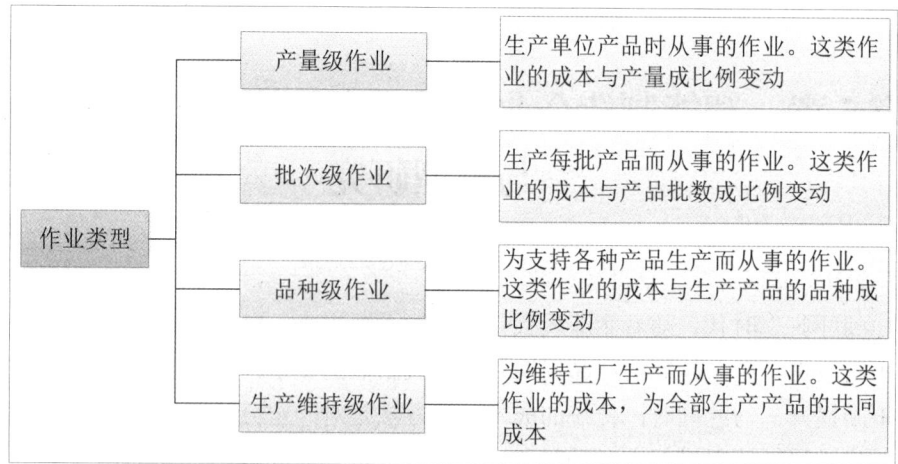

图 5-1 作业类型

ABCM 作为一种新型的成本核算与控制的方法,其原理是:从成本分摊的对象和资源耗费二者之间的关系着手,将作业这座桥梁作为两者之间的连接点,把资源的一步式分摊,巧妙地分解为两步式分摊,如图 5-2 所示。

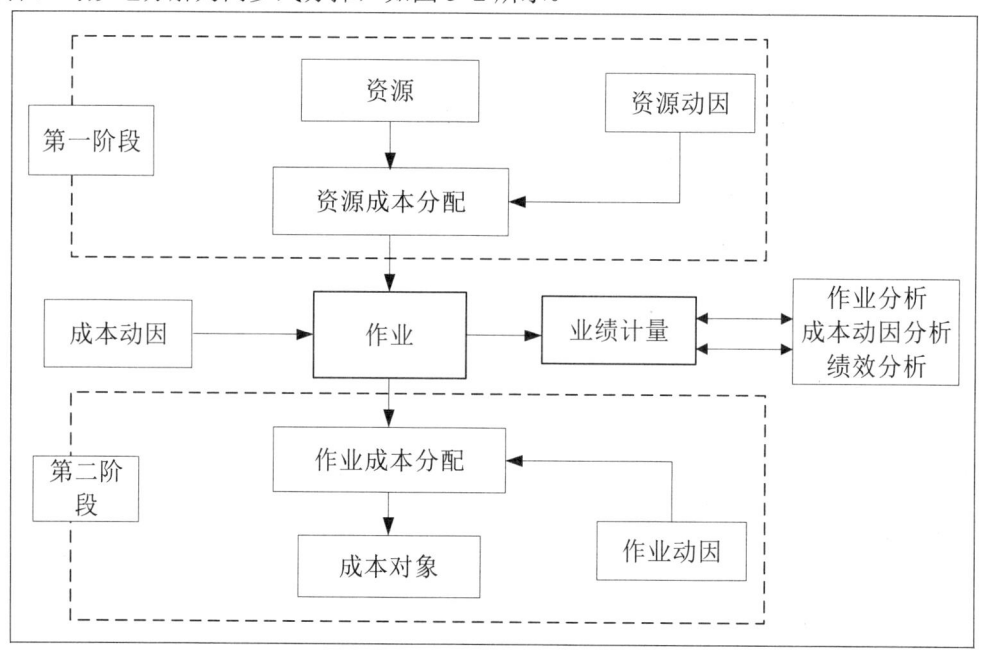

图 5-2 ABC 的组成要素及关系图

这种追本溯源的核算方式使我们更了解资源是如何一步一步转换成价值的。多元化的分配标准使得成本管理与控制更加精细化,所以作业成本管理很好地改善了成本信息扭曲的状况,这对后续的成本分析及成本管理有着重大的意义,对于正确的经营决策起着决定性作用。

ABCM 通过对作业流程的优化和改进,识别并消除非增值作业,减少资源消耗,精确地管理每一项作业,实现成本改善和降低,从而提高企业效益。

ABCM 的基础是构建成本核算与控制模型，为企业经营、产品组合与决策等提供准确有用的成本信息，如图 5-3 所示。

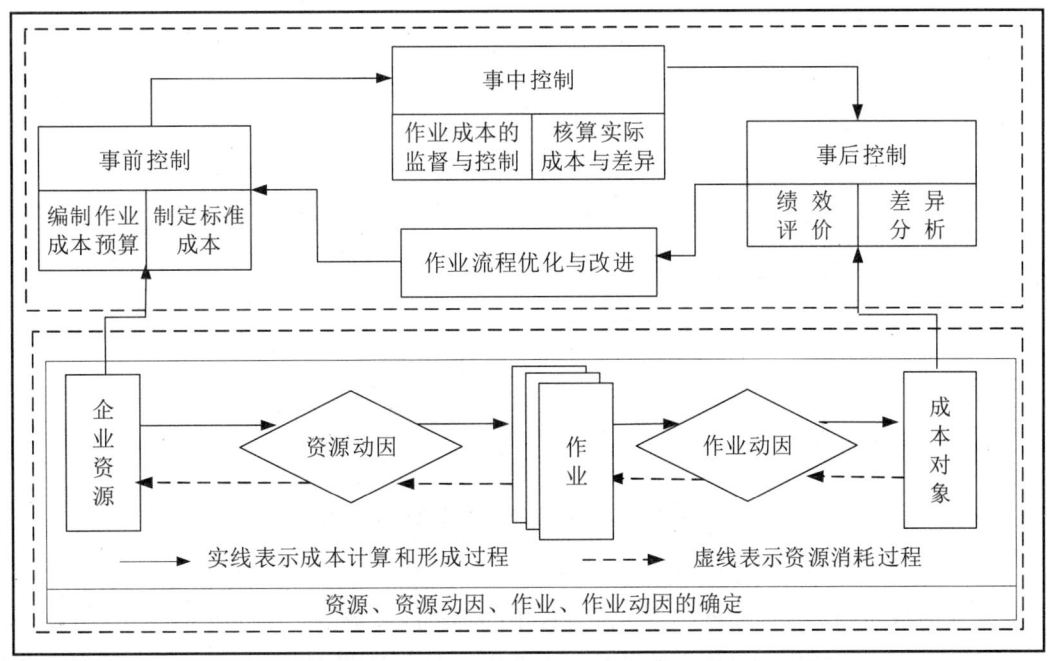

图 5-3 基于 ABCM 的成本核算与控制关系模型框架图

5.1.2 作业滚加成本计算法研究

1. 作业滚加成本计算法原理

作业滚加成本计算法的计算原理同 ABC 成本核算法的原理，也就是在产品成本费用归集上谁消耗资源谁就承担成本费用，该方法可以解释为 ABC 的实时应用。作业滚加成本计算由底层向上层逐层累计，计算出完工产品生产成本。应用此方法计算时，信息化系统内物料清单数据是重要的成本核算基础数据，主要包括物料消耗定额、采购成本，以及成套产品零件的标准成本、建议成本、现行成本的管理标准等。在产品成本累加过程中，跟随着产品制造过程的进行，成本、费用的发生和累计的成本信息则动态同步产生，因此企业在生产过程中控制物流和信息流的同时，也控制了成本资金流，做到了物流、信息流和成本资金流的统一。目前，应用 ERP 系统无论计算标准成本还是实际成本，采用的方法都是作业滚加成本计算法。①作业滚加成本计算法框架，如图 5-4 所示。

---

① 吴炎太，薛恒新. ERP 系统成本核算原理及方法[J]. 财务与会计，2002（12）：55-56.

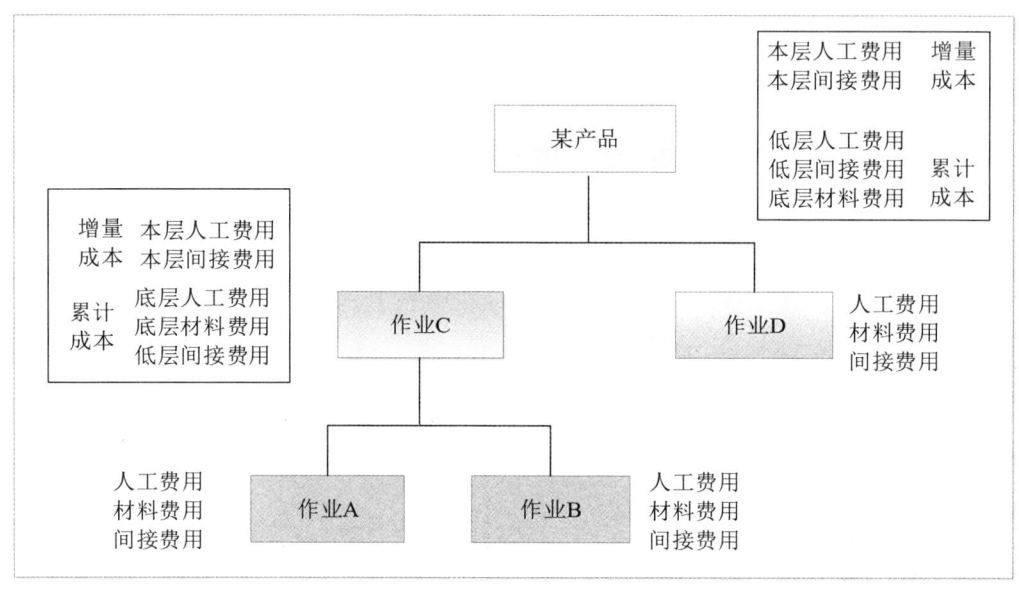

图 5-4 作业滚加成本计算法框架图

2. 作业滚加法成本计算过程

实时成本控制需要掌握产品生产过程中的实时成本费用来计算成本，这就需要系统能够实时采集现场生产过程中的各种成本费用，对异常情况进行分析，及时发现问题并给予解决。使用作业滚加成本计算法即可实现上述需求，该方法计算过程如下。

（1）将生产产品的材料费用进行累计得到材料成本：

$$MC = \sum P \times Mq \qquad 公式（5-1）$$

MC 为材料成本；P 为材料的标准价（或实际价），Mq 为该材料的标准用量（或实际用量）。

（2）将生产过程的工艺路线中各个工序的资源消耗费用进行累计：

$$RC = \sum Rr \times Rq \qquad 公式（5-2）$$

RC 为资源消耗费用；Rr 为资源费率，Rq 为资源用量。

（3）将工艺路线中涉及的资源管理费用进行累计：

$$SRO = \sum ROr \qquad 公式（5-3）$$

ROr 为资源管理费用。

（4）将生产产品的材料清单中的材料管理费用进行累计：

$$SMO = \sum MOr \qquad 公式（5-4）$$

MOr 为采购材料的管理费用。

（5）如果生产产品的材料清单中含有外协件，在工艺路线中含有外协费用。则系统会自动累计外协费用：

$$SO = \sum RPr \qquad 公式（5-5）$$

将上述成本费用进行累计得到产品的成本费用：

$$SC = \sum P \times Mq + \sum Rr \times Rq + \sum ROr + \sum MOr + \sum RPr \qquad 公式（5-6）$$

5.1.3 间接费用的分摊问题研究

1. 传统的费用分摊和 ABC 分摊费用的区别

传统的费用分摊一般以人工时间或机器时间为分配标准，期末把每期汇总的期间费用分配到各个生产部门，在财务上进行费用分配和账务处理。随着市场经济的发展和技术的进步，以及产品复杂度的提高和 IT 系统的提升，企业传统粗放型核算成本方式已经不适应企业发展的需要。传统的费用分摊方法与 ABC 成本核算法的区别如图 5-5 所示。

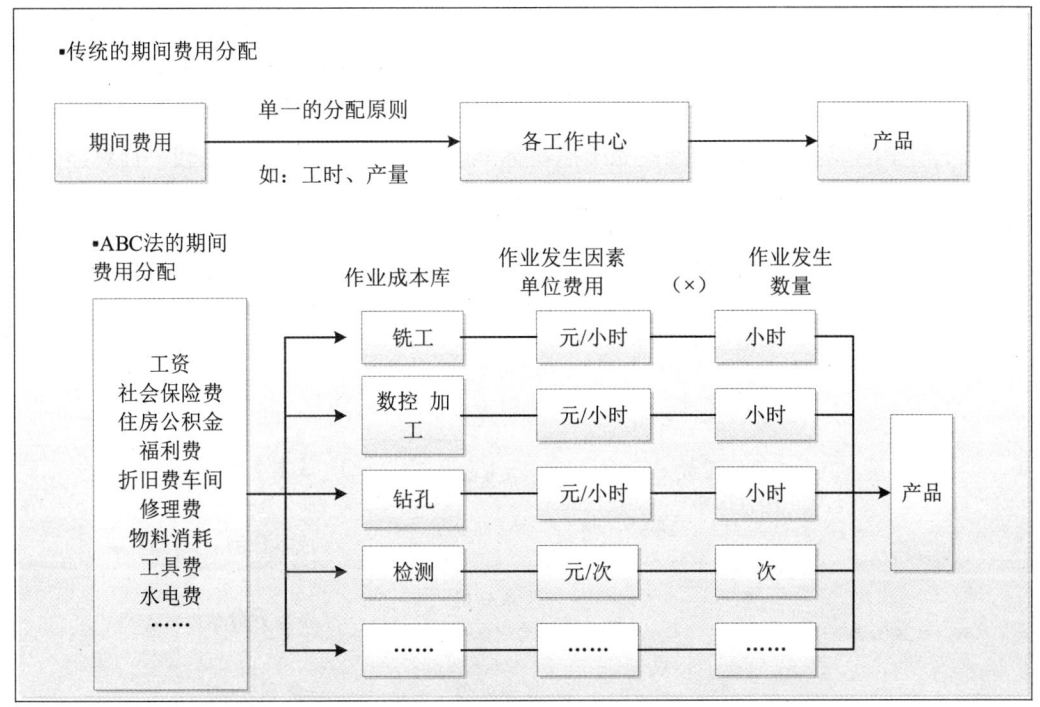

图 5-5　传统的费用分摊方法与 ABC 成本核算法费用分摊比较

2. ABC 成本核算法解决了传统成本核算法费用分配的"黑箱"问题

传统成本核算方法是把料、工、费等资源直接分配到成本对象上，忽略了生产过程中关键环节"作业"，而"作业"能够识别、量化和还原各种费用的真实归属问题。传统成本核算法分摊"黑箱"问题如图 5-6 所示。

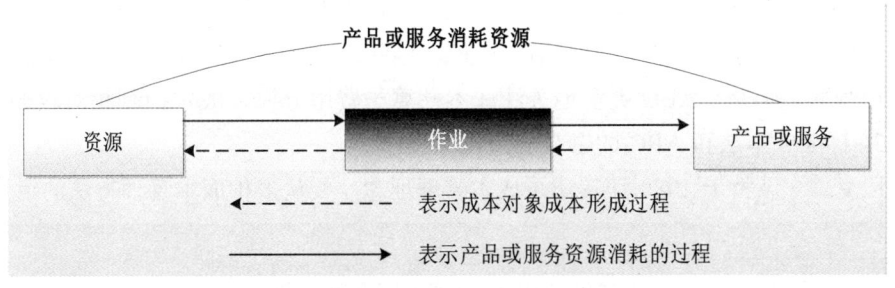

图 5-6　传统成本核算法分摊"黑箱"问题

ABC 成本核算法还原了企业生产成本的形成过程,产品或客户服务提出需求要消耗作业,作业则消耗资源。因此资源、作业、产品或服务三者之间的关系体现了 ABC 基本原理,解决了成本分摊的"黑箱"问题。

5.1.4 作业成本法与标准成本法结合的应用

1. 标准成本法的运行机制

20 世纪 80 年代,日本今井正明先生的著作《改善:日本企业成功的奥秘》出版,著作中称日本企业成本的两个奥秘是维持标准和改进标准。同时还认为:标准是精细化管理的基础,是现代企业持续改进、超越对手、超越自我的基石。[①]标准成本法的运行机制在于:根据企业具体成本管理情况,事前制定出各项作业(或工序)的标准成本,来控制生产中的成本和费用标准;完工后将标准成本与实际成本进行比较,计算差异和分析产生差异的原因,实施成本控制。[②]标准成本法运行机制原理如图 5-7 所示。

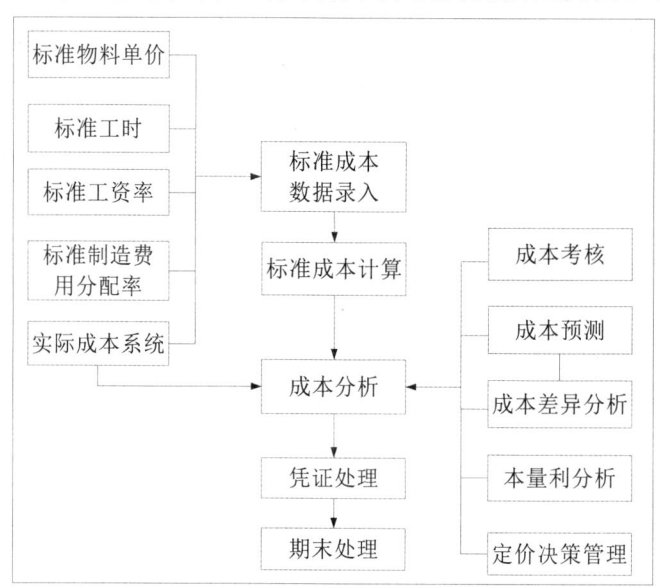

图 5-7　标准成本法运行机制原理

2. ABC 的优缺点

ABC 改变了传统成本法中间接费用单一的分配标准,科学地分配了间接费用,保证了企业产品成本核算的准确性。同时,ABC 可以和 LP 融合,通过优化作业路径,深入挖掘生产流程中有价值作业(即增值作业),剔除那些非增值作业,优化作业链,从而提高生产效率。但是,ABC 更多地关注成本核算与费用分摊,成本控制相对较弱。

3. 标准成本法和 ABC 的融合应用框架模型

迈克尔·波特于 1980 年提出了成本管理理念,要从多种成本管理方法的组合及其创

---

① 今井正明. 改善:日本企业成功的奥秘[M]. 北京:机械工业出版社,2010:1-10.
② Hsiao T. Establish standards of standard costing with the application of convergent gray zone test[J]. European Journal of Operational Research, 2006(168): 593 - 611.

新的角度去考虑企业所面临的各种成本管理问题,更有利于进行成本控制。"互联网+"时代的制造企业内外部环境发生了深刻的变化,单一的成本控制方法不适应企业对成本信息的需求,二者结合如图 5-8 所示,关于二者结合在本书 8.3 节也有重点讲解。

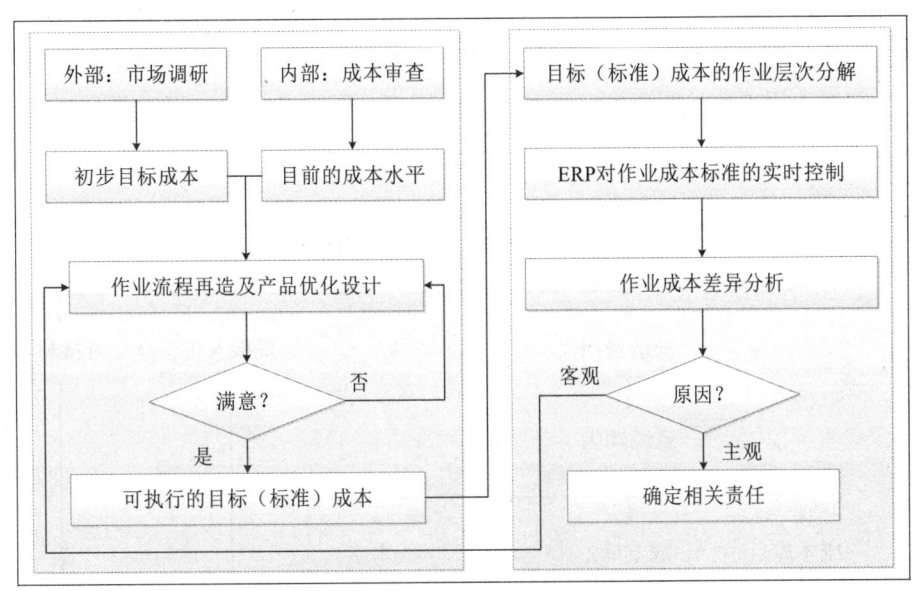

图 5-8 成本控制方法的融合模型

4. 作业成本法与标准成本法结合在制造企业生产过程实时成本控制的应用

基于制造业生产过程实时成本控制的要求,考虑到目前国内成本控制现状及其成本管理中存在的问题,根据企业的生产需求,以及企业 IT 系统的广泛应用,采用先进的自动化制造设备和生产线,产品成本费用项目比例发生了变化。ABCM 作为一种新的成本管理模式,改变了传统的成本核算方式。ABC 深入生产过程具体作业来考察产品成本情况,使企业间接费用的分配更趋精准,在成本控制方面能够做到事前控制、事中控制、事后控制。因此,作业成本法与标准成本法在成本核算和控制上各有所长,既能提供精准的成本数据,又能提供成本差异信息,二者结合能更好地发挥各自的优势,为企业经营决策服务。本书借鉴了这两种成本管理方法的先进思想,并结合制造业的具体情况,实现有效的成本核算与控制。

5.2 基于实时成本控制的作业成本核算及成本差异模型研究

在第 4 章中图 4-12 所示的基于标准作业成本法的制造企业生产过程实时成本控制框架模型,在该框架模型体系中除了信息的实时传递外,还有一个最重要的基础因素,就是成本信息的核算,而 ABC 核算模型是实施 ABC 的基础,是对 ABC 核算过程的描述,在 ABC 的实施过程中具有重要地位。[1]

---

[1] Rush C, Roy R. Expert judgment in cost estimating: modeling the reasoning process [J]. Concurrent Engineering, 2001, 9(4): 271-284.

5.2.1 作业成本核算模型研究

根据 ABC 的原理,成本费用的归集方式是从资源到作业,再从作业到产品的分配过程,其成本核算模型也应该按照从资源到作业再到产品的分配过程来推导。资源成本分配过程模型如图 5-9 所示,由图可知,作业成本法中的直接费用可直接归集到产品成本中,而制造费用需要按照资源动因和成本动因率分配到各中心,而后再分配到各个产品成本中。

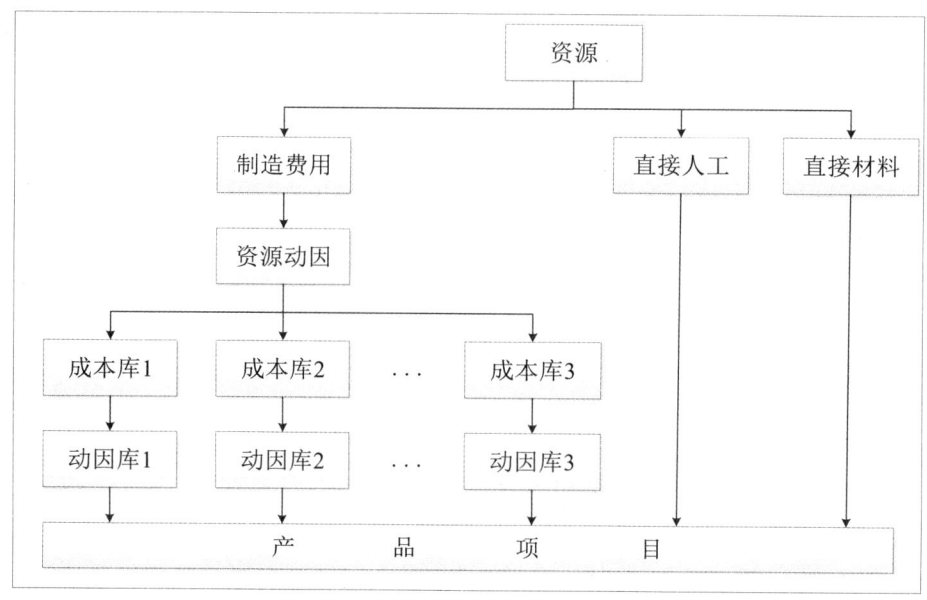

图 5-9 资源成本分配过程模型

在该模型中,成本核算涉及的因素的计算公式如下:

$$CDr = CCE / TAD \qquad 公式(5\text{-}7)$$

CDr 为成本动因率;CCE 为成本库费用;TAD 为作业动因总量。

$$AC = CDr \times AD \qquad 公式(5\text{-}8)$$

AC 为作业成本;AD 为作业动因量。

设成本作业中心数为 m 个,作业中心成本矩阵 $\boldsymbol{C} = [C_1 C_2 \cdots C_m]^T$,$C_j$ 表示作业中心 j 的成本动因资源费用总额,$j = 1, 2, \cdots, m$,可变成本矩阵为 $\boldsymbol{C}_V = [C_{v1} C_{v2} \cdots C_{vm}]^T$,固定成本矩阵 $\boldsymbol{C}_F = [C_{f1} C_{f2} \cdots C_{fm}]^T$ 则有:

$$\boldsymbol{C} = \boldsymbol{C}_F + \boldsymbol{C}_V \qquad 公式(5\text{-}9)$$

即:$[C_1 C_2 \cdots C_m]^T = [C_{v1} C_{v2} \cdots C_{vm}]^T + [C_{f1} C_{f2} \cdots C_{fm}]^T \qquad 公式(5\text{-}10)$

设有 s 种资源,成本中心 j 消耗的资源数量矩阵为 D,单位资源的费用为 P,其矩阵表达式为:

$$\boldsymbol{D} = \begin{bmatrix} D_{11} D_{12} \cdots D_{1s} \\ D_{21} D_{22} \cdots D_{2S} \\ \vdots \quad \vdots \quad \vdots \quad \vdots \\ D_{m1} D_{m2} \cdots D_{ms} \end{bmatrix} \boldsymbol{P} = \begin{bmatrix} P_1 P_2 \cdots P_s \end{bmatrix}^T \quad 公式（5-11）$$

则
$$\boldsymbol{C} = \begin{bmatrix} C_1 \\ C_2 \\ \vdots \\ C_m \end{bmatrix} = \begin{bmatrix} D_{11} D_{12} \cdots D_{1s} \\ D_{21} D_{22} \cdots D_{2S} \\ \vdots \quad \vdots \quad \vdots \quad \vdots \\ D_{m1} D_{m2} \cdots D_{ms} \end{bmatrix} \times \begin{bmatrix} P_1 \\ P_2 \\ \vdots \\ P_s \end{bmatrix} \quad 公式（5-12）$$

即：
$$\boldsymbol{C} = \boldsymbol{D} \times \boldsymbol{P} \quad 公式（5-13）$$

如果有 n 种产品或成本对象数，Q_{ij} 表示产品 i 消耗成本动因 j 的数量；R_{ij} 表示产品 i 消耗成本中心 j 的成本动因率，即产品 i 消耗成本中心 j 的数量占全部成本中心 j 的总量的比重，其计算模型为：

$$\boldsymbol{R}_{ij} = \frac{Q_{ij}}{\sum_{i=1}^{n} Q_{ij}} \quad 0 < \boldsymbol{R}_{ij} < 1，且 \sum_{i=1}^{n} \boldsymbol{R}_{ij} = 1 \quad 公式（5-14）$$

E_i 表示产品 i 的总成本，则有：

$$\boldsymbol{E}_i = \sum_{j=1}^{m} R_{ij} C_j = \begin{pmatrix} R_{i1} R_{i2} \cdots R_{im} \end{pmatrix} \times \begin{bmatrix} C_1 \\ C_2 \\ \vdots \\ C_m \end{bmatrix} \quad i = 1, 2, \cdots, n \quad 公式（5-15）$$

N 种产品的成本矩阵则可表示为：

$$\begin{bmatrix} E_1 \\ E_2 \\ \vdots \\ E_n \end{bmatrix} = \begin{bmatrix} R_{11} R_{12} \cdots R_{1m} \\ R_{21} R_{22} \cdots R_{2m} \\ \vdots \quad \vdots \quad \vdots \quad \vdots \\ R_{n1} R_{n2} \cdots R_{nm} \end{bmatrix} \times \begin{bmatrix} C_1 \\ C_2 \\ \vdots \\ C_m \end{bmatrix} = \begin{bmatrix} R_{11} R_{12} \cdots R_{1m} \\ R_{21} R_{22} \cdots R_{2m} \\ \vdots \quad \vdots \quad \vdots \quad \vdots \\ R_{n1} R_{n2} \cdots R_{nm} \end{bmatrix} \times \begin{bmatrix} D_{11} D_{12} \cdots D_{1s} \\ D_{21} D_{22} \cdots D_{2s} \\ \vdots \quad \vdots \quad \vdots \quad \vdots \\ D_{m1} D_{m2} \cdots D_{ms} \end{bmatrix} \times \begin{bmatrix} P_1 \\ P_2 \\ \vdots \\ P_s \end{bmatrix} \quad 公式（5-16）$$

公式（5-16）即为 ABC 成本核算模型，该模型既给出了 ABC 成本计算的表达式，也阐明了 ABC 所体现的产品成本分配与核算理念，即作业消耗资源，产品消耗作业的成本分配过程。

5.2.2 成本差异分析模型研究

1. 成本差异分析在成本控制中的重要性

企业进行成本控制的目的是减少非增值作业，以降低企业成本，提升企业竞争力，而成本标准的考核和制定依据主要是成本核算和成本差异分析，如图 5-10 所示。实际成本与标准成本相比较产生成本差异，通过分析找出差异产生的原因，为企业生产经营过程中改善成本和控制指明方向，降低企业成本。

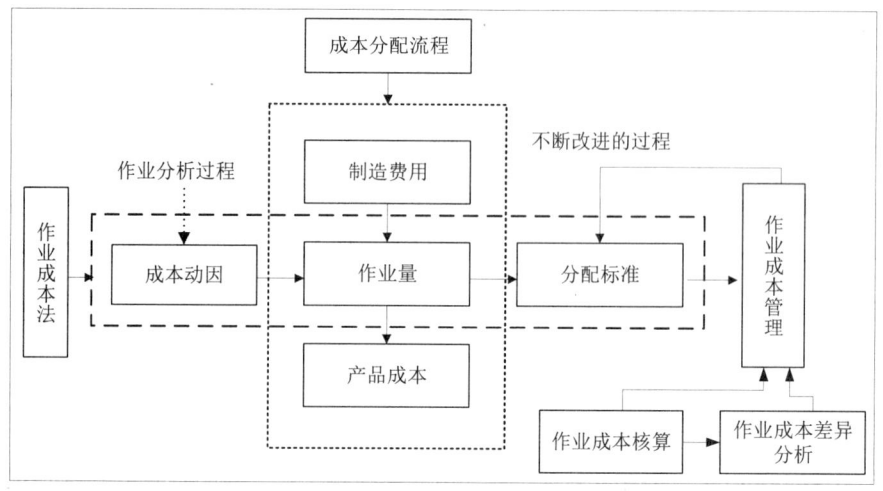

图 5-10 作业成本法与成本管理关系模型

2. 成本差异分析基本原理

成本差异计算与分析包括以下步骤：根据企业的标准消耗和标准单价制定标准成本；采集生产过程实际成本信息，计算标准成本与实际成本差异的差异值；通过调查分析找到产生差异的真正原因。产生成本差异的两种情况：不利差异和有利差异。对于有利差异，分析差异产生的原因，更新相应的成本控制标准。具体的成本差异分析原理如图 5-11 所示。

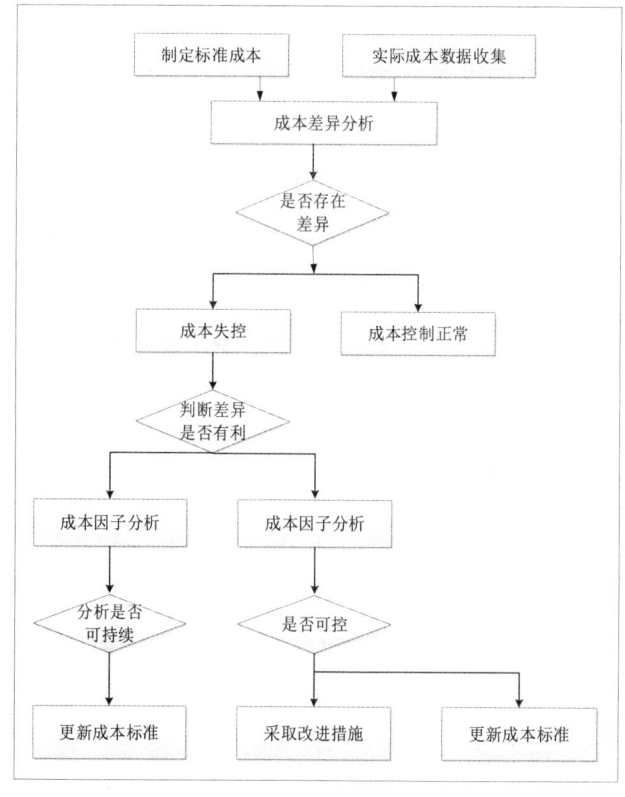

图 5-11 成本差异分析的原理

3. 成本差异分析模型

成本差异分析需要从多个层面、多个角度分析，将各产品成本差异、作业成本差异、产品成本内各因素的差异，分析得越细致越容易找到成本差异的原因。

（1）产品成本差异计算及分析模型。

若 E_i 表示产品 i 的总成本，则 $E = [E_1 E_2 \cdots E_n]^T$ 为 n 种产品的成本矩阵，$E' = [E'_1 E'_2 \cdots E'_n]^T$ 为标准成本矩阵，则 N 种产品的成本矩阵 ΔE 为：

$$\Delta E = \begin{bmatrix} E_1 \\ E_2 \\ \vdots \\ E_n \end{bmatrix} - \begin{bmatrix} E'_1 \\ E'_2 \\ \vdots \\ E'_n \end{bmatrix} = \begin{bmatrix} R_{11} R_{12} \cdots R_{1m} \\ R_{21} R_{22} \cdots R_{2m} \\ \vdots \quad \vdots \quad \quad \vdots \\ R_{n1} R_{n2} \cdots R_{nm} \end{bmatrix} \times \begin{bmatrix} C_1 \\ C_2 \\ \vdots \\ C_m \end{bmatrix} = \begin{bmatrix} R'_{11} R'_{12} \cdots R'_{1m} \\ R'_{21} R'_{22} \cdots R'_{2m} \\ \vdots \quad \vdots \quad \quad \vdots \\ R'_{n1} R'_{n2} \cdots R'_{nm} \end{bmatrix} \times \begin{bmatrix} C'_1 \\ C'_2 \\ \vdots \\ C'_m \end{bmatrix} \quad 公式（5-17）$$

其中 $\Delta E_i = \sum_{j=1}^{m} R_j C_j - \sum_{j=1}^{m} R'_j C'_j$ 公式（5-18）

可见产品成本的差异可能是由成本动因率差异引起的，也可能是由作业中心成本量或成本动因量差异引起的。

$$ACD = (ACDr - SCDr) \times STRC + (AAC - SAC) \times ACDr \quad 公式（5-19）$$

ACD 为作业成本差异；ACDr 为实际成本动因率；SCDr 为标准成本动因率。STRC 为标准成本资源消耗量；AAC 为实际作业中心成本；SAC 为标准作业中心成本。

因此，由于成本动因率差异 ΔR 引起产品作业成本差异，其计算模型为：

$$\Delta E_R = \begin{bmatrix} R_{11} - R'_{11} & R_{12} - R'_{12} & \cdots & R_{1m} - R'_{1m} \\ R_{21} - R'_{21} & R_{22} - R'_{22} & \cdots & R_{2m} - R'_{2m} \\ \vdots & \vdots & & \vdots \\ R_{n1} - R'_{n1} & R_{n2} - R'_{n2} & \cdots & R_{nm} - R'_{nm} \end{bmatrix} \times \begin{bmatrix} C'_1 \\ C'_2 \\ \vdots \\ C'_m \end{bmatrix} \quad 公式（5-20）$$

而成本动因量，即作业中心成本差异模型为：

$$\Delta E_C = \begin{bmatrix} R_{11} R_{12} \cdots R_{1m} \\ R_{21} R_{22} \cdots R_{2m} \\ \vdots \quad \vdots \quad \quad \vdots \\ R_{n1} R_{n2} \cdots R_{nm} \end{bmatrix} \times \begin{bmatrix} C_1 - C'_1 \\ C_2 - C'_2 \\ \vdots \\ C_m - C'_m \end{bmatrix} \quad 公式（5-21）$$

（2）作业中心成本差异分析。

设作业中心成本差异为 ΔC，标准资源消耗量矩阵为 D'，单位资源的费用为 P'，则有：

$$\Delta C = \begin{bmatrix} C_1 \\ C_2 \\ \vdots \\ C_m \end{bmatrix} - \begin{bmatrix} C'_1 \\ C'_2 \\ \vdots \\ C'_m \end{bmatrix} = \begin{bmatrix} D_{11} D_{12} \cdots D_{1s} \\ D_{21} D_{22} \cdots D_{2s} \\ \vdots \quad \vdots \quad \quad \vdots \\ D_{m1} D_{m2} \cdots D_{ms} \end{bmatrix} \times \begin{bmatrix} P_1 \\ P_2 \\ \vdots \\ P_s \end{bmatrix} - \begin{bmatrix} D'_{11} D'_{12} \cdots D'_{1s} \\ D'_{21} D'_{22} \cdots D'_{2s} \\ \vdots \quad \vdots \quad \quad \vdots \\ D'_{m1} D'_{m2} \cdots D'_{ms} \end{bmatrix} \times \begin{bmatrix} P'_1 \\ P'_2 \\ \vdots \\ P'_s \end{bmatrix} \quad 公式（5-22）$$

作业中心成本是由其作业中心消耗的资源数量和各资源的费用引起的，其计算公式为：

$$ACCD = (AARC - SARC) \times ARC + (ARC - SRC) \times SARC \quad 公式（5-23）$$

ACCD 为作业中心成本差异，AARC 为实际作业资源消耗量，SARC 为标准作业资源消耗量，ARC 为实际资源费用，SRC 为标准资源费用。

因此，由于作业资源消耗 ΔD 量 ΔD 引起的产品作业成本差异，其计算模型为：

$$\Delta C_d = \begin{bmatrix} D_{11} - D_{11}^{'} & D_{12} - D_{12}^{'} & \cdots & D_{1s} - D_{1s}^{'} \\ D_{21} - D_{21}^{'} & D_{22} - D_{22}^{'} & \cdots & D_{2S} - D_{2S}^{'} \\ \vdots & \vdots & & \vdots \\ D_{m1} - D_{m1}^{'} & D_{m2} - D_{m2}^{'} & \cdots & D_{ms} - D_{ms}^{'} \end{bmatrix} \times \begin{bmatrix} P_1 \\ P_2 \\ \vdots \\ P_S \end{bmatrix} \quad 公式（5-24）$$

资源费用 ΔP 引起产品作业成本差异，其计算模型为：

$$\Delta C_p = \begin{bmatrix} D_{11}^{'} & D_{12}^{'} & \cdots & D_{1S}^{'} \\ D_{21}^{'} & D_{22}^{'} & \cdots & D_{2S}^{'} \\ \vdots & \vdots & \vdots & \vdots \\ D_{m1}^{'} & D_{m2}^{'} & \cdots & D_{ms}^{'} \end{bmatrix} \times \begin{bmatrix} P_1 - P_1^{'} \\ P_2 - P_2^{'} \\ \vdots \\ P_S - P_S^{'} \end{bmatrix} \quad 公式（5-25）$$

5.3 本章小结

本章首先研究了制造企业生产过程成本核算方法的选择，本书认为只有有效的成本核算方法，才能够进行实时成本控制。本书研究了 ABC 和作业滚加成本计算法，进行实际成本的核算和间接费用的分摊问题。通过此方法，能够在实际生产过程解决成本核算"黑箱"问题，还原成本的本来面目；在控制方法上选择标准成本作为控制标准。其次，通过对作业成本要素和核算模型的分析，构建了作业成本核算与差异分析数学模型。这是应用 ABCM 原理进行成本控制的基础工作，对制造企业开发 ABCM 系统也具有积极的借鉴意义。

第6章　智能制造企业实时成本优化设计模型与评价——以 TJGG 为例

目前，钢铁行业面对产能过剩，市场形势严峻，经济增幅下滑，原材料价格和人力成本上涨，融资成本上升，结构矛盾进一步突出等众多压力，企业利润空间被进一步压缩。在瞬息万变的市场环境中，有效控制钢铁产品生产成本，使产品具有较强的竞争能力，将直接影响到企业的经营收益和长期发展。企业只有创新成本管理理念，寻找新的经营管理方法，制定新的措施，才能取得新的成效。精益生产成本管理正是实现制造企业转型升级的有效方法，精益生产理念以改善流程降低成本、消除浪费、提高员工的企业意识，帮助企业提高管理水平，达到企业成本最优，从而使企业获得较强的竞争优势。[①]本章从多个方面展开阐述，包括 TJGG 公司传统管理方法存在的问题，精益生产成本管理的特点和优势，TJGG 公司成本管理现状分析，关键点优化数学模型建立、试算和评价，以及探寻智能制造企业生产成本优化控制的有效路径，推动企业成功转型升级等内容。

TJGG 公司现是一家集无缝钢管、焊管、装备制造、加工等多种产业为一体的综合性企业集团。TJGG 公司核心产品为无缝钢管，具备年产 350 万吨无缝钢管的生产能力，生产规模、工艺技术、装备水平等方面均处于行业领先地位。TJGG 公司不仅在国内市场占据重要地位，产品还远销全球近百个国家和地区，与多个国际大油田公司和工程公司保持着长期稳定的合作关系。

TJGG 公司展现出了高度的精细化和科学化成本管理方法。该公司注重从原材料采购、生产流程优化、能源消耗控制等多个环节入手，全面降低生产成本，提高经济效益。例如，公司根据原料的价格变动及时调整入炉原料的构成，以降低成本；同时，通过精细化的过程监管，严格控制生产过程中的每一个成本项目，确保每一分成本都能得到合理利用。

此外，TJGG 公司注重技术创新和现代化管理，以提高生产效率和产品质量，从而间接降低成本。公司设立了国家级技术中心，并建立了全流程、全尺寸中间试验线，致力于培育具有自主知识产权的核心技术。这些技术创新不仅提高了产品的附加值，还使得公司在市场竞争中更具优势。

TJGG 公司注重与员工的绩效考核相结合，通过激励机制激发员工的积极性和创造力。公司制定了一系列奖励政策和措施，鼓励员工提出成本节约的合理化建议，并对表现优秀的员工给予表彰和奖励。这种全员参与的成本管理模式，使得公司在成本管理方

---

① [美]Michael E. Porter. 竞争优势[M]. 陈小悦，译. 北京：华夏出版社，2005.

面取得了显著成效。

TJGG 公司积极实施国际化发展战略，走出了一条从技术引进、消化、吸收，到技术输出、海外投资建厂的发展之路。这不仅提升了公司的国际竞争力，还为其在全球范围内获取优质资源和拓展市场提供了有利条件。

TJGG 公司在钢管制造领域具有显著的行业地位和竞争优势。公司注重成本管理，通过精细化的过程监管、技术创新和管理现代化等手段，全面降低生产成本，提高经济效益。同时，公司还积极实施国际化发展战略，为未来的持续发展奠定了坚实基础。

6.1 钢铁企业传统成本管理方法存在的问题

1. 成本管理观念落后

在钢铁企业传统成本管理方法中，首先，片面强调节约成本、节省费用开支是以"节省成本"为导向的成本管理；其次，这种观念忽视对成本的预测、决策，重视事后控制管理，由于企业事前成本管理薄弱，致使成本预测和决策缺乏规范性、成本计划缺乏科学性、事中和事后成本管理出现盲目性；另外，钢铁企业很少开展市场调研和生产经营活动分析，也很少考虑采购成本的控制和销售服务成本管理。因此，很难形成有效的过程管理，无法适应现代成本管理的需要。

2. 成本管理目标片面

钢铁企业传统成本管理的目标是实现利润最大化，但这种"利润最大化"的目标过于片面，这是因为现代激烈的市场竞争环境要求企业同时重视顾客价值，市场需求的变化使企业的经营环境发生了变化。因此，企业不能忽略顾客价值的变化，也不能只追求高产量来换得成本的降低，这种短期效益的行为不适应现代成本管理的发展。

3. 成本管理空间狭窄

从空间维度分析钢铁企业传统成本管理，其涵盖范围一般从采购铁矿石等原料开始，到钢铁产品销售之前，且成本管理的重点聚焦于生产环节，而没有把企业生产前的研发阶段成本和售后服务成本以及相关的供应商、销售商纳入成本控制范围之内。单纯从生产的角度进行成本管理，就丧失了对成本的全过程管理，不能为企业的经营决策提供完整有用的信息。

4. 基础工作不扎实，核算方法手段不健全

我国的钢铁企业，尤其是一些中小型钢铁企业，在成本管理中普遍存在基础工作不扎实问题。例如采购部门没有实行库存和优质、优价的管理，从而不能有效地控制原料采购价格和库存成本，造成采购和库存成本上升。使用传统核算方法，使得成本核算不够精细，而且不能及时提供生产成本的相关数据，造成信息滞后，影响管理决策。

5. 缺乏健全的激励考核机制

企业生产经营的过程同企业员工的努力和敬业态度息息相关，员工的综合素质是企业成本管理的重要一环。传统的企业考核缺乏有效的控制，没有建立一套客观、公正的绩效考核体系和完善的考核机制，企业对员工的激励不足，员工缺乏努力工作的动力，

造成生产效率低下和人工成本浪费现象。

6.2 精益生产成本管理在钢铁企业应用的特点和优势

6.2.1 精益生产成本管理在钢铁企业应用的特点

精益生产成本管理的核心目的是消除企业经营过程管理中的浪费（过量生产、等待、搬运、库存、作业、动作和不良的浪费），通过稳定、标准的生产流程和管理流程，消除浪费，降低成本，提升质量，从而降低企业经营风险，这是现代成本管理所提倡的。精益成本管理在钢铁企业中运用的主要特点有以下几个方面。

1. 基于目标成本管理的理念

精益生产的关键因素是目标成本管理。目标成本是企业经过对市场的深入分析和准确定位之后，由目标销售价格倒推出目标利润，从而进一步得到企业所追求的成本目标值。钢铁企业的目标成本管理对企业各生产经营环节进行成本规划，钢铁企业从自身产能和外部市场环境入手，逐环节分析，深究成本动因和成本关键点问题，运用准时化生产模式最终确立目标成本，最后再应用全面预算和责任成本法对目标成本进行全面管理。

2. 基于作业成本管理

作业成本是精益生产成本管理的基石。钢铁企业作业成本管理以钢铁流程作业动因为切入点，是一种以作业为基础的成本管理方法。它将管理重心放在每项作业上，以提高客户价值、增加企业利润。通过确认钢铁企业设计、生产、销售等经营环节中所有与产品相关的作业与相关资源消耗，按成本动因分配计量作业成本，对所有作业进行动态的反映，尽可能消除"不增值作业"，优化"作业链"和"价值链"，从而达到钢铁企业成本改善和提高效率的目的。[①]这在一定意义上真正体现了精益成本管理的思想。

3. 准时化生产的成本管理

准时化（Just In Time，JIT）生产以持续消除浪费，持续减少库存，持续循环改进为根本出发点，在生产过程中力求做到将下一道生产工序所必须的原材料或零件，在准确的时间，以精准的数量，加以生产输送。

在传统的钢铁企业生产模式中，成本与质量之间一直是反比例变动关系，而准时化生产打破了这一局限。传统的质量检验是对产成品质量的检验，在生产流程中处于最后一道工序。实际上这是一种滞后的质量管理方法，产成品的质量问题早已形成于生产的中间环节，对有质量问题的半成品进行生产加工，本身就是一种无效的行为，是生产环节中的浪费。准时化生产采用"看板"管理，当后一道工序向前一道工序取货时，如果发现产品存在质量问题，可以立即向前反馈。这样在中间环节便最大程度地避免了次品的出现，降低了生产环节的成本浪费。

---

① 胡玉明. 管理会计研究[M]. 北京：机械工业出版社，2008.

4. "拉动式"生产的成本管理

在精益生产中,客户的需求决定企业的生产。而在企业生产过程中,后一道工序的需求决定着前一道工序的生产,将这种由后向前的层级拉动关系称为"拉动式"生产策略。其原理可以概括为:除非绝对需要,否则绝不生产。也正是由于这种内在原理,生产环节的各种浪费可以被杜绝,不必要的等待时间基本被排除,更不会出现过度生产的现象,同时库存可以减至最低水平,规避了因货币时间价值而对库存产品造成的贬值风险,以及市场的不确定性给库存产品带来的积压风险。

5. 精益六西格玛的成本管理

精益思想的目的是最大程度地持续降低成本、减少浪费、优化生产过程和实地管理。精益六西格玛同时兼具精益生产和六西格玛质量管理的优势,既可以减少企业各种形式的浪费,缩短生产周期,又可以最大程度地提升产品的质量。精益生产通过"拉动式"生产方式大大降低了企业的成本,同时六西格玛管理手段以最科学的方法减少了废品出现的可能性和减少资源的浪费。因此,钢铁企业通过精益生产与六西格玛相结合的这一管理创新模式,必将使钢铁企业的管理水平上升到一个全新的高度,打造出竞争对手难以企及的竞争优势。

6.2.2 精益成本管理在钢铁企业应用的优势

钢铁企业精益生产以持续改善、全员参与的成本管理,最大程度地降低库存和缩短产品生产周期为目标,提高资源利用率,整体优化生产过程,追求准时化生产,力求实现零废品、零浪费、零库存,最终实现均衡生产,以最少的资源投入生产客户满意度最高的产品,实现钢铁企业的成本降低和成本优化。[①]

1. 钢铁企业精益生产以客户需求为目标

在精益生产的理论框架下,客户的价值流是企业生产的重心。客户的需求决定企业的生产,客户需求有多少,企业就生产多少。而钢铁企业过去采用大规模推动式的生产模式,将生产与销售割裂开来,造成钢铁产能过剩,形成产品积压。在精益生产过程中,一切不符合客户价值流的产品和生产环节都应被消除。从产品的设计研发到原料采购再到生产、库存、销售、售后等环节,皆应体现客户价值流的需求。精益生产要求将不符合客户价值流的浪费和人工无效度降至最低,以实现客户满意度最大化。

2. 钢铁企业精益成本管理是以人为本的指导思想

以人为本的思想不但以客户为生产核心,同时也注重员工的主观性和创造力。钢铁企业在精益生产体系中,员工是企业最宝贵的资源,员工对精益思想的理解和认可度直接影响钢铁企业精益生产的整体效果。通过对员工进行培训,提升员工士气,全员参与精益生产,可使成本改善的精益思想观念深入每个员工人心,最大程度地发挥员工的主观性和创造力,使企业的效益与员工的利益统一起来,协调发展。[②]

---

① 汪家常. 精益成本管理[J]. 经济管理,2003(3).
② 牛占文,王珂,左斌. 制造企业精益管理实施中"人"的因素因子分析[J]. 天津大学学报(社会科学版),2012(7).

3. 实现对成本的持续性优化

钢铁企业在准时化生产模式下，以降低库存为目标，由库存倒推生产过程，从而在各个环节中发现问题、暴露问题、解决问题，循环往复、优化流程、持续地对生产过程进行优化，从而降低生产成本。

4. 通过提升管理技术来降低成本

企业生产产品有两种技术：一种是生产技术，又称固有技术；另一种是指能够有效地使用现有人员、设备、材料、时间、空间的技术，又称管理技术。钢铁企业精益成本管理方式之所以能够超越传统成本管理方式，在很大程度上依赖于对管理技术的成功运用。

5. 开展价值（VE）分析

通过降低成本实现某功能或在一定的成本上（指"成本不变"或者"提高成本的速度低于提高功能的速度"）提高功能的视角进行分析。钢铁企业对产品用户需求、原料市场、科技进步状况和自身的实际能力进行经济分析，对产品的价值、功能与成本做进一步研究，在确保必要功能和质量的前提下，在价值和功能层面上挖掘隐形的成本，求得最优产品生产成本，使钢铁企业成本得到进一步改善。

6.3 TJGG 公司实施精益成本优化设计控制成本的主要内容和运行模式

6.3.1 TJGG 公司钢铁企业精益生产成本管理主要内容

由于钢铁企业自身的特点和炼钢工艺的要求，成本优化问题一直是困扰钢管企业管理者的头等难题。本书以 TJGG 公司为例，通过目标成本法，以市场为导向来优化成本。TJGG 公司精益成本管理主要体现在以下几个方面。第一，TJGG 公司嵌入了准时化生产模式，制订了详细周密的生产计划，将以往传统的大规模生产逐渐调整为准时化生产。第二，TJGG 公司一改以往只接大订单的营销模式，积极面向客户，根据客户需求重新定位生产目标，以客户的需求为拉动生产的最根本动力源。第三，将精益生产理念运用于价值流的各个环节，重新组织生产，调动员工的积极性，人人都是企业的经营者，每个岗位都是创造利润的源泉，力求精益生产使每一个生产环节增值。第四，TJGG 公司的成本主要发生在炼钢阶段，铁矿石、废钢、铁水等原料的成本是炼钢的主要生产成本。很多钢管企业因为原材料成本问题被迫停产，因此，针对 TJGG 公司的市场现状，进行数学模型预先模拟成本计算，为生产运行时的资源配置提供最佳比例。第五，降低倒运成本，倒运成本也是影响钢铁企业生产成本关键因素之一。随着钢铁产能规模的提升，TJGG 厂房容量有限，购料车皮进厂后必须先存放在租赁的废钢库厂房的外面，然后倒运至废钢库厂房内，再根据生产需要分别运送至一、二、三炼钢车间使用。从厂房外倒运至厂房内的倒运成本最高时每月达 1500 万元左右，并且还要提升行车作业率和增加耗电量。公司对该项作业进行厂内倒运精益成本管理工作，优化设计原料库区，减少原料倒运环节和次数，有效降低原料倒运成本，不断提升企业成本管控能力。

6.3.2 TJGG 公司钢铁企业精益生产成本优化运行模式

TJGG 公司实施精益成本管理，首先对生产成本优化控制要素和目标进行分析，确定钢铁企业优化控制目标，合理确定控制标准，将实际效果与控制标准进行比较，分析得出结果，从而提升成本控制目标。TJGG 公司依据自身特点提高目标层次，使精益生产成本优化和控制管理模式能够发挥更大的作用，其优化和控制管理模式如图 6-1 所示。

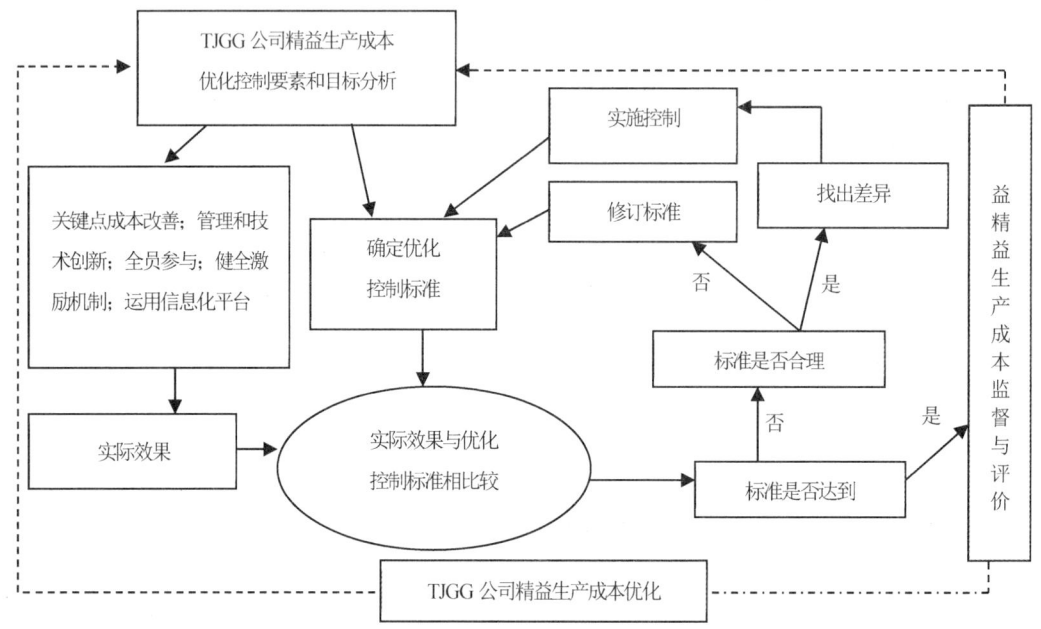

图 6-1　TJGG 公司精益生产成本优化运行模式图

1. 精益生产成本优化控制目标的确定

该模式运行前，只有明确生产成本优化控制的要素和成本控制目标，精益生产成本优化控制才能在明确的目标指导下顺利进行。

2. 合理确定企业成本控制标准

通过反复分析，多方听取意见确定作业关键控制点，以及关键控制点的有效方法和操作规范，确定作业成本定额公布施行，并作为成本控制标准。

3. 将实际效果与成本优化控制标准进行比较

实际效果是在严格的成本控制标准下进行的，将实际效果和精益成本优化控制标准进行比较，确定有无差异及其差异程度。

4. 分析得出结果

最终得出两种结果：一种是无差异或没有超出差异范围的结果，即成本优化控制发挥了应有的作用；另一种结果是，如果差异超出规定的范围，则说明优化控制没发挥应有的功能，需要继续查找差异原因。若是成本优化控制标准不合理，则重新修订；否则继续查找差异，实施成本控制。

5. 对精益生产成本进行评价与监督

检验该精益成本优化控制的完整性、合理性和有效性，并对存在的缺陷和问题进行修正和完善。

6. 注重钢铁企业成本内控执行人员的优化

通过科学的绩效评价，使精益生产成本优化运行模式的执行者素质、成本控制意识和职业技能得到提高，钢铁企业的组织形式、法人治理结构等得到完善，促进了控制环境的优化；通过科学的奖惩机制，降低精益生产成本优化运行模式的局限性所造成的影响，最大程度地发挥精益生产成本优化运行模式的约束与激励功能。

7. 精益生产成本优化控制目标的提升

精益生产成本优化控制目标不是永久不变的，该运行模式为精益生产成本优化控制目标的提升创造了有利条件。钢铁企业可依据自身特点提高目标层次，让精益生产成本优化控制目标更全面、更专业，使精益生产成本优化运行模式能够发挥更大的作用

6.4 TJGG 公司精益成本管理实践研究

TJGG 公司精益成本管理关键点——炼钢工序入炉原料的成本优化设计，动态实时控制采购成本及降低原料倒运成本。

6.4.1 炼钢入炉原料成本匹配数学模型设计

1. 炼钢入炉原料精益设计分析

以市场为导向优化生产成本，运用目标成本管理与作业成本管理相结合的方法进行成本改善。钢铁企业在电炉炼钢作业综合成本中，废钢、生铁、铁水、合金等这些钢料占入炉资源原料成本的 83%，剩下的 17% 是冶炼过程中产生的成本。可见，入炉原料结构是制约炼钢成本的主要因素。因此，要降低原料成本，就需要考虑目前各种原料的市场价格及其所占比重，同时重视原料的采购成本。此外，为保证冶炼质量，含铁原料应以产品质量要求和标准为依据，符合高温冶金性能。本研究针对钢铁企业入炉原料结构和冶金性能要求，利用线性规划理论，建立一套炼钢电炉成本优化配料数学模型，即"原料市场价格-原料结构调整-铸坯综合成本"三位一体的成本优化数学模型，在指定约束条件下计算成本最优的配料方案，做出不同的价格排列组合，为入炉原料配料的结构选择和实时动态地降低采购成本提供依据，为生产运行时的资源配置提供最佳比例并用于指导生产，达到满足高炉生产要求与最佳冶炼成本的效果。

2. 炼钢入炉原料精益成本管理模型

运用线性目标规划，引入优先因子 d^+ 和 d^-，划分线性规划的优先级，将硬约束变为软约束，求出入炉结构变动值。

以下为 TJGG 公司生产一吨钢坯所需要入炉原料的资料，其中生铁制造成本计算公

式为 $T=1.6X+0.5Y+Z-S$。目前,进口铁矿石价格为 120 美元/吨,汇率为 6.31 元/美元,运输费及人工费计入铁矿石成本,再将未投产铁矿石的成本分摊到投产铁矿石成本之中,铁矿石价格约为 980 元/吨;焦炭价格(含运输费及人工费)约为 1375 元/吨,添加剂与高炉折旧总费用约为 350 元/吨,废气回收的节约费用约为 100 元/吨。因此,制造一吨生铁的成本为:1.6×980+0.5×1375+350-100=2496.50 元/吨,铁水成本=生铁成本÷0.9,得出铁水的吨制造成本为 2496.5÷0.9=2773.89 元/吨;废钢当前采购价为 2160.54 元/吨,海绵铁当前采购价为 3300.25 元/吨。目前生产一吨钢坯所需要的原料计划比重(废钢约占 50%,海绵铁约占 25%,铁水约占 20%,生铁约占 5%)以及各种原料的市场价格,如表 6-1 所示。

表 6-1 炼钢入炉原料计划配比数据资料

原料	单价(元/吨)	当前入炉原材料比重	计划比重
废钢	2160.54	50%	35%~100%
海绵铁	3300.25	25%	20%~25%
铁水	2773.89	20%	10%~40%
生铁	2496.50	5%	3%~6%

电炉炼钢的炉料量与钢坯的产出量有基本固定的比例关系,为 1.13:1,计算出目前一吨钢原材料成本约为 2920.98 元。

根据企业成本最优和符合冶金性能要求,电炉炉料结构的调整方案依次遵守以下优先级:①入炉原材料总成本不超过 2500 元;②废钢优化后所占比重不得超过 70%;③海绵铁优化后所占比重不得少于 20%;④铁水优化后所占比重不得少于 10%;⑤生铁优化后所占比重不得超过 6%。

设各种原料的入炉比重调整量为分别为 x_1、x_2、x_3、x_4 则:

$P_1: 1.13\times[(50\%+x_1)\times 2160.54+(25\%+x_2)\times 3300.25+(20\%+x_3)$
$\quad\quad \times 2773.89+(5\%+x_4)\times 2496.5] \leqslant 2500$

$P_2: (50\%+x_1)\times 2160.54 \leqslant 0.7\times 2160.54$

$P_3: (25\%+x_2)\times 3300.25 \geqslant 0.2\times 3300.25$

$P_4: (20\%+x_3)\times 2773.89 \geqslant 0.1\times 2773.89$

$P_5: (5\%+x_4)\times 2496.50 \leqslant 0.06\times 2496.50$

整理后,写成线性目标规划标准式,则:

目标条件:$\min z = P_1 d_1^+ + P_2 d_2^+ + P_3 d_3^- + P_4 d_4^- + P_5 d_5^+$

约束条件:

$$\begin{cases} 2160.54x_1 + 3300.25x_2 + 2773.89x_3 + 2496.50x_4 + d_1^- - d_1^+ = -372.55 \\ 0.50 + x_1 + d_2^- - d_2^+ = 0.7 \\ 0.25 + x_2 + d_3^- - d_3^+ = 0.2 \\ 0.20 + x_3 + d_4^- - d_4^+ = 0.1 \\ 0.05 + x_4 + d_5^- - d_5^+ = 0.06 \\ d_i^-, d_i^+ \geq 0 \end{cases}$$

用 lingo 求解该模型。

（1）公式的输入。

1) min d1 d2 d3 d4 d5

s.t.

2) 2160.54x1+3300.25x2+2773.89x3-2496.50x4+d1-d1=-372.55

3) 0.5+x1+d2_-d2=0.7

4) 0.25+x2+d3_-d3=0.2

5) d1=0

6) 0.2+x3+d4_-d4=0.1

7) d2=0

8) d3_=0

9) 0.05+x4+d5_-d5=0.06

10) d4=0

11) d5_=0

End

（2）计算结果的输出。

原材料入炉成本计算结果如表 6-2 所示。

表 6-2 原材料入炉成本计算结果

变量	数值	节约的成本（单位：元）
x_1	0.175	-378.0945
x_2	-0.045	148.51125
x_3	-0.083	230.23287
x_4	-0.007	17.4755

因此，x_1 为 0.175，x_2 为-0.045，x_3 为-0.083，x_4 为-0.007，优化后废钢比重为 63.5%，海绵铁比重为 20.5%，铁水比重为 11.7%，生铁比重为 4.3%。

则优化后原材料入炉成本试算为 2480.39 元/吨。

6.4.2 原料倒运成本精益生产模型设计

1. 原料倒运成本精益生产设计分析

根据实际状况，TJGG 公司拥有四个原料基地，向一炼、二炼、三炼三个炼钢车间输送原料，其中一炼为主要炼钢车间，必须保证其生产的顺利运行，二炼、三炼为辅助炼钢车间，由于市场低迷，三炼处于时开时停的状态，如表 6-3 所示。

表 6-3 TJGG 公司倒运成本数据

仓储地（万吨）		车间		
		一炼	二炼	三炼
		倒运单价（元/吨）		
一基地	140	8	9	7.5
二基地	100	10	8.5	8
三基地	100	11	8	8
四基地	90	9	8	7.5
合计	430	（需求量：万吨）		
		80	60	20

倒运成本遵守以下优先级：①必须保证一炼的生产；②每个基地的供应量不少于炼钢车间的 90%；③总运费少于 1500 万元。TJGG 公司原料倒运量如表 6-4 所示。

表 6-4 TJGG 公司原料倒运量

仓储地	倒运量		
	一炼	二炼	三炼
一基地	20	15	0
二基地	30	20	3
三基地	20	15	9
四基地	20	10	7

倒运成本试算为 1513.5 万元。

2. 原料倒运成本精益生产管理模型

设 x_{ij} 为由第 i 个废钢基地向第 j 个炼钢车间运输的原料量，其中 $i \in (1, 2, 3, 4)$、$j \in (1, 2, 3)$，则：

$$\text{供应约束} \begin{cases} x_{11} + x_{12} + x_{13} \leqslant 140 \\ x_{21} + x_{22} + x_{23} \leqslant 100 \\ x_{31} + x_{32} + x_{33} \leqslant 100 \\ x_{41} + x_{42} + x_{43} \leqslant 90 \end{cases}$$

需求约束 $\begin{cases} x_{11}+x_{21}+x_{31}+x_{41}+d_1^- - d_1^+ = 80 \\ x_{12}+x_{22}+x_{32}+x_{42}+d_2^- - d_2^+ = 60 \\ x_{13}+x_{23}+x_{33}+x_{43}+d_3^- + d_3^+ = 20 \\ \quad x_{ij}, d_i^+, d_i^- \geqslant 0 \end{cases}$

每个基地的供应量不少于炼钢车间的 90%。

$$\begin{cases} x_{11}+x_{21}+x_{31}+x_{41}+d_4^- - d_4^+ = 80 \times 90\% \\ x_{12}+x_{22}+x_{32}+x_{42}+d_5^- - d_5^+ = 60 \times 90\% \\ x_{13}+x_{23}+x_{33}+x_{43}+d_6^- - d_6^+ = 20 \times 90\% \end{cases}$$

总运费少于 1600 万元。

$$\sum_{i=1}^{4}\sum_{j=1}^{3} c_{ij} x_{ij} + d_7^- - d_7^+ = 1500$$

3. 用 lingo 求解该模型

（1）公式的输入。

1) min 8x11+9x12+7.5x13+10x21+8.5x22+8x23+11x31+8x32+8x33+9x41+8x42+7.5x43
s.t.

2) 8x11+9x12+7.5x13+10x21+8.5x22+8x23+11x31+8x32+8x33+9x41+8x42+7.5x43<=1500

3) x11+x12+x13<=140

4) x21+x22+x23<=100

5) x31+x32+x33<=100

6) x41+x42+x43<=90

7) x11+x21+x31+x41>=72

8) x12+x22+x32+x42>=54

9) x13+x23+x33+x43>=18

End

（2）计算结果的输出。

倒运成本计算结果如表 6-5 所示。

表 6-5　倒运成本计算结果

变量	数值	节约的成本（单位：元）
x_{11}	15.00000	40.000000
x_{12}	14.00000	9.000000
x_{13}	4.000000	-30.000000
x_{21}	25.000000	50.000000
x_{22}	15.000000	42.500000

续表

变量	数值	节约的成本（单位：元）
x_{23}	6.000000	-24.000000
x_{31}	15.00000	135.000000
x_{32}	10.000000	40.000000
x_{33}	6.00000	24.000000
x_{41}	20.000000	0.000000
x_{42}	18.000000	-64.000000
x_{43}	2.000000	2.500000

通过 lingo 求解该模型，精益成本管理优化后的倒运成本为 1333.5 万元。

6.4.3 DEA 方法对精益成本管理关键点成本优化结果的评价

1. DEA 分析方法

数据包络分析方法是依据被评价的"决策单元"的"投入"数据与"产出"数据的比较值，来评价其生产是否有效的一种相对评价方法。该方法假设 $h=\dfrac{总产出}{总投入}\leqslant 1$，若 $h=1$ 则为 DEA 有效，若 $h<1$ 则为 DEA 无效。以此指标将多个决策单元相互比较，评价出 $h=1$ 的一个或多个决策单元，并以其为标准，计算出 $h<1$ 的各决策单元的投入过剩量（S^+）和产出不足量（S^-）。DEA 方法并不直接对数据进行综合，因此决策单元的最优效率指标与投入指标值及产出指标值的量纲选取无关，所以应用 DEA 方法建立模型前无须对数据进行无量纲化处理，也就是说 DEA 可以将不同单位的数据放在一起进行评价。

本书运用 DEA 方法的 BCC（Banker Charnes Cooper）模型（以规模报酬可变为前提条件，与本案例中的实际状况相符合）将成本规划前后的投入、产出数据进行评价，分析成本优化的有效性。案例中，产出数据为管坯的产量，投入数据为废钢、海绵铁、铁水、生铁的投入比重和倒运成本。

BCC 模型的表达式：

$$\begin{cases} \min\left[\theta-\varepsilon\left(\sum_{i=1}^{m}S_i^{-}+\sum_{r=1}^{s}S_r^{+}\right)\right] \\ \sum_{j=1}^{n}x_{ij}\lambda_j+S_i^{-}=\theta x_{ijo} \quad i\in(1,2,\cdots,m) \\ \sum_{j=1}^{n}y_{rj}\lambda_j-S_r^{+}=y_{rjo} \quad i\in(1,2,\cdots,s) \\ \sum_{j=1}^{n}\lambda_j=1 \quad i\in(1,2,\cdots,n) \\ 0\leqslant\theta\leqslant 1 \quad S_i^{-}\geqslant 0 \end{cases}$$

2. DEA 分析方法和结果

TJGG 公司入炉资源成本和废钢倒运成本优化前后产出、投入数值整理如表 6-6 所示。DEA 评价结果如表 6-7 所示。

表 6-6 TJGG 公司优化前后产出、投入数值

	产出	投入1	投入2	投入3	投入4	投入5
成本优化前	1	0.5	0.25	0.2	0.05	1513.5
成本优化后	1	0.635	0.205	0.117	0.43	1333.5

表 6-7 DEA 模型输出的评价

	技术效率	规模效率	DEA 有效性
成本优化前	0.970	0.940	无效
成本优化后	1	1	有效

通过对 TJGG 公司炼钢生产成本关键点入炉原料和倒运成本模型运算及其 DEA 评价，得出结论：①运用炼钢入炉原料模拟模型并试算，可以看出通过这项创新举措进行生产和原材料采购，突破了传统的采购和生产模式，同时降低了采购和库存成本，达到了生产成本改善的目的，是精益生产成本优化的具体体现。②运用原料倒运成本模拟模型并试算，通过精益成本优化设计能够有效设置废钢的合理化仓储，有效降低倒运成本，提高炼钢所需废钢的生产物流效率和降低废钢倒运的作业成本。③通过 DEA 分析方法，可以看出钢铁企业成本关键点入炉原料和倒运成本，在成本优化前 DEA 无效，在成本优化后 DEA 有效。

6.5 钢铁企业实施精益生产成本优化控制策略

1. 树立"全员、全过程、全方位"精益生产成本思想

成本动因不仅包括生产过程中的各种有形的物料及人力的消耗，更包括企业的规模、市场开拓、企业内部结构调整等无形的成本动因。精益生产降低成本不仅指降低生产成本，还包括研究与开发、设计、营销、售后服务等其他作业成本以及管理费用、财务费用和销售费用等。产品成本涉及企业的方方面面，因而企业的产品成本和每个部门、每位员工、每个生产过程息息相关。企业树立"全员、全过程、全方位"的价值链精益生产成本理念，以成本优化、过程控制和绩效考核为手段，将降低成本的总体目标贯穿于生产的全过程。企业资源的占用和耗费，及其取得的经济收益的分配或处置都纳入成本优化控制中。

2. "精打细算"深挖降低成本空间

在精益生产成本管理上突出"算"字，企业成本核算由过去的"先生产后核算"的理念转变为"先核算后生产，边生产边核算，生产后还要核算"。把生产过程中的每一个

成本项目都全部摊开，细算到每一分成本，按总体目标倒推给每个班组。生产经营每一环节做好成本规划，提高盈利空间进行成本控制，减少盲目支出，防止资源浪费，在成本优化控制过程中做好每个细节，全面提升企业成本管理水平。

3. 健全激励机制促使技术和管理创新，实现成本最大化增值

不同问题或效应都与潜在的人的行为有着因果关联，因此企业须建立通过鼓励技术创新，优化控制成本的内部和班组考核激励机制。如在各个班组冶炼炉数、钢铁料消耗、石灰消耗、天然气、氧气、用电消耗的成本考核中，建立完善的奖励机制，员工、班组通过创新技术路线，推广新办法，降低班组冶炼成本给予奖励。因此，激励员工在基层岗位上优化工艺路线，不断进行技术创新，降低和控制成本，使生产成本达到最优。

4. 走高端化、差异化经营之路

钢铁企业一方面走管理控制和优化成本之路，另一方面走高端化、差异化经营之路，打造具有影响力的国际知名企业；密切关注行业动态，了解前沿技术，学习同行先进方法，到先进企业实地学习考察，对标对本，通过学习解决冶炼工艺等问题，解决品质与成本的矛盾，降低和优化成本。企业通过不断摸索工艺与技术创新，突破技术瓶颈，并形成特有的品种和高端产品。[①]

5. 建立企业内部之间、内部与外部市场之间的信息互动机制

信息流浪费是企业最可怕的浪费，它能导致员工加班加点地工作，是企业经营恶性循环的根本原因。这就要求建立并完善企业内部生产经营有效运行的信息沟通机制，特别是在外部市场发生较大变化的经济形势下，能够为企业迅速提供准确翔实的信息，应对变化的市场，调整生产成本指标的决策，以实现企业降低成本的目标。

6.6 本章小结

精益生产是现代化重要的科学管理方法，能够有效配置企业资源、优化和降低生产成本，为智能制造企业提供科学的管理方法和管理技术，增强企业核心竞争力，提高企业经济效益。本章通过对精益生产系统的阐释，对 TJGG 钢铁企业现状和精益生产成本管理的研究，挖掘 TJGG 企业成本优化的各项潜能。根据钢铁企业入炉原料结构和冶金性能要求，利用线性规划理论，建立一套炼钢电炉成本优化配料数学模型，即"原料市场价格-原料结构调整-铸坯综合成本"三位一体的成本优化数学模型。在指定约束条件下计算成本最优的配料方案，做出不同的价格排列组合，为入炉原料配料结构的选择提供依据，为生产运行时的资源配置提供最佳比例，并用于指导生产，达到满足高炉生产要求与最佳冶炼成本的效果。

由此可见，建立的关键工序原料配料数学模型和运算，能够根据企业需要和市场状况，动态实时降低采购成本，提出了钢铁企业精益生产优化成本的策略，为企业科学决策做出依据，从而促进钢铁企业的可持续发展和行业转型的升级。

---

① 黎春秋. 传统产业优化升级模式研究：战略性新兴产业培育外部效应的分析[J]. 中国科技论坛，2011（5）.

第7章 智能制造企业实时库存管理优化设计模型与效果评价——以 TG 公司为例

TG 公司是集烧结、炼铁、炼钢、连铸、轧钢和金属制品生产工艺为一体的现代化大型钢铁联合企业,位于冶金工业区,具有优越的地理位置,东邻港口与技术开发区和保税区,距离港口仅十几千米,北连国际物流区与国际机场,周边高速公路遍布,极大地降低了原材料和产品的进出口交通成本。TG 公司拥有国内领先、世界一流的工艺技术装备,先后引进、消化、吸收国内外一批先进生产技术和装备,各项主体设备全部为冶金行业 A 级技术装备,具有年产铁 420 万吨,钢 400 万吨,钢材 520 万吨,金属制品 50 万吨的生产能力。TG 公司产品主要包括中厚板、棒材、高速线材、圆管坯、钢绞线和焊丝等。TG 公司已通过了质量、环境、职业健康安全、能源管理体系认证与两化融合管理体系认证,连续多年位列中国企业 500 强。

TG 公司建有国家级企业技术中心,并设有博士后科研工作站和多个产学研联合研发基地,共拥有专利 220 余项。TG 产品应用到长江三峡、京津城际高铁、国家体育场等 100 多个重点工程中,出口覆盖销往欧盟、中东、东南亚、美洲等 40 多个国家和地区。

公司以绿色发展理念为引领,大力建设资源节约型、环境友好型"绿色钢铁"企业,构建起了再生煤气、工业用水、余热蒸汽和固体副产品综合利用的"四闭路、四循环"生产流程。累计投入环保资金 23.5 亿元,配备各类环保设施 310 台套。近 3 年先后投资 3.3 亿元,开展了大气污染防治和水污染防治等一系列环境治理项目。公司能源资源综合利用率、炼钢工序能耗、煤气回收利用率、污染物综合排放合格率等多项指标达到行业先进水平。

7.1 库存管理问题分析

钢铁企业冶炼流程主要有两种:一种是高炉炼铁-转炉炼钢,以铁矿石、石灰石、煤炭为主要原料,从准备原料到轧钢钢材出厂需要 3~4 天时间;另一种是电炉炼钢,以废钢为主要原料,从废钢破碎入炉到轧钢产品出厂需要 3~5 小时的时间。TG 公司采用的是高炉炼铁-转炉炼钢,公司原材料种类共有几千种,种类繁多,对铁矿石、煤炭等需求很高。钢铁企业停工损失很高,所以不允许缺货。

TG 公司原材料库存形式有露天堆放和室内储存两种。公司有 19 万平米、27 万平米两座大型原料厂,主要用于存放各种铁矿石、铁粉、烧结矿等原料,原料中铁矿石占比较大,铁粉较少,可露天堆放。合金料、耐火材料等辅料存放于室内仓库。仓储点的不同种原料堆放位置划分不够明确;仓库位置不够合理,出入库运输路线不够便捷,同种

表 7-1 TG集团某年某月主要原料库存情况表

原料种类	型号	供应地	期初库存量（吨）	本月到货量（吨）	本月消耗量（吨）	期末库存量（吨）	单价（元/吨）	储存成本（元/吨/天）	运输费用（元/吨）	运输时间（天）	最大库存容量（吨）
铁矿石	PB块 58+	澳大利亚	112210.00	150218.02	123298.50	139129.52	496.75	0.4	56.65	15.00	700000
	块 58+	南非	93270.00	6786.71	68680.95	31375.76	514.80	0.4	90.28	32.00	
	块 62-	伊朗	42281.65	54985.88	72920.52	24347.00	553.41	0.4	80.32	24.00	
	块 58-	印度	63280.85	240428.50	207632.55	96076.80	440.22	0.4	72.20	20.00	
铁精粉	粉 64.5	墨西哥	17865.40	7400.00	18987.65	6277.75	720.65	0.5	106.34	45.00	150000
	粉 66-	巴西	15872.50	88263.60	22165.00	81971.10	785.75	0.5	101.67	40.00	
煤炭	炼焦煤	印度尼西亚	108739.26	89267.30	120382.50	77624.06	1190.00	0.8	52.50	12.00	400000
	炼焦煤	澳大利亚	55069.80	56392.50	96210.00	15252.30	1205.00	0.8	60.20	15.00	
	炼焦煤	中国山西	23600.50	127763.80	103623.68	47740.62	1250.00	0.8	9.00	2.00	
	炼焦煤	中国内蒙古	10228.48	54332.70	39382.10	25179.08	1230.00	0.8	12.00	3.00	

原料不同型号之间库位划分不够明确；原料名称、型号等没有明确的标识；各种材料的检验、入库、出库、库存时间等信息录入系统不够及时。原材料主要供应商为国外供应商，主要依靠轮船运输，到达港口后再通过汽运送到工厂仓库，运输时间长，运费高昂。国内供应商运输时间短，主要依靠铁路运输，运费相对低廉。

TG集团某年某月铁精粉、铁矿石、煤炭等主要原料的库存情况如表7-1所示。

由表7-1可知，TG集团主要原料铁矿石、铁精粉、煤炭的需求量与进货量不均衡。铁矿石期初库存总量为39.50万吨，本月到货量为52.46万吨，本月消耗量为57.01万吨，日均消耗量约为1.90万吨，期末库存量为34.95万吨，期末库存量约为本月18.39天的消耗量，期初材料采购成本与运输成本占用资金量为22328.11万元，期末材料采购成本与运输成本占用资金量为19422.63万元。铁精粉期初库存总量4.28万吨，本月到货量12.15万吨，本月消耗量5.23万吨，日均消耗量约为0.17万吨，期末库存量为11.21万吨，约为本月65.94天的消耗用量，期初材料采购成本与运输成本占用资金量为3662.96万元，期末材料采购成本与运输成本占用资金量为9896.85万元。煤炭期初库存总量为15.50万吨，本月到货量为25.70万吨，本月消耗量为28.20万吨，日均消耗量约为0.94万吨，期末库存量为16.58万吨，约为本月13.82天的消耗量，期初材料采购成本与运输成本占用资金量为19370.04万元，期末材料采购成本与运输成本占用资金量为16238.44万元。由此可知，TG集团主要原料铁矿石、铁精粉、煤炭等的库存量过高，占用了大量资金，应根据生产计划降低库存量。

7.2 多目标规划进行库存优化的机理分析和模型构建

7.2.1 多目标规划进行库存优化的机理分析

企业为了保证正常的生产运营，需要在一定时期内保持一定数量的库存。库存主要包括原材料库存、半成品库存、产成品库存以及零备件库存等。库存的主要作用是在一定程度上平衡供求，防止生产中断和缺货，以及实现订货批量的规模效应。但是存货过多会占用较大比重的流动资金，存货的取得、仓储都需要付出成本，而且由于库存环境的变化以及时间的推移，存货毁损、变质等风险会增加。存货过低则不能满足生产需求，可能会造成丧失销售机会，停工待料，不能按时履行合同而支付违约金以及商誉下降等有形及无形的损失。

精益生产要求对存货水平进行控制，在满足企业正常运营的情况下，尽可能减少库存量，甚至是达到零库存。现在一些公司依靠先进的通信技术、便利的交通工具、合理的生产规划、供应与需求的协调等基本实现了"零库存"，如丰田汽车公司、美的家电集团等，减少了仓储设施的数量，降低了库存水平，加速了资金的周转率。

钢铁企业的原材料库存主要有以下特点：①原材料种类繁多且数量大；②采购数量根据经验确定，库存量较需求量高很多；③库存量很高，原材料成本高；④原料场较小，容量有限；⑤国外原材料供应商多，运输时间长，且运输时间差异较大；⑥因缺料等造成停工，停工成本高昂。本节拟对与钢铁企业原材料具有相似特征的其他类型制造企业的存货，利用多目标规划法构建模型，通过确定合理的安全库存水平、订货提前期和每批次购货量，确定合理的库存水平。

7.2.2 多目标规划进行库存优化的模型构建

1. 条件假设

①供应商收到订单后马上安排发货；②运输时间只受供应商所在地影响；③生产工艺水平稳定，同种型号产品对原材料的消耗量和单位时间消耗率不变；④连续生产，不存在机器故障、缺料等情况导致产线停止生产；⑤原料入库检验、搬运时间很短，占用时间可忽略不计；⑥原材料价格稳定；⑦不考虑价格折扣与税费等；⑧期初库存量为安全库存量，计划周期内不动用安全库存量。

2. 约束条件

①最大库存容量。
②供应商最大供应量。
③最大资金占用量。

3. 优化目标

①保证原材料供应，满足生产需求。
②降低当期采购成本资金占用量。

4. 模型设置

设置以下变量。

①设 D_{ij}（i 表示供应商，j 表示原材料种类，$i,j=1,2,3,\cdots,m$）表示不同类型原材料的需求量，D_{0ij} 表示月初库存量。

②D_{ija}（a 表示订货批次数，$a \in \mathbb{N} \times$）表示某次从供应商处订货的订货量，P_{ij} 表示原材料单价，计划周期内材料采购总成本为 $\sum_i \sum_j \sum_a D_{ija} \times P_{ij}$。计划周期内，不同供应商原材料的最大供应量不超过 Dm_{ij}。

③不同供应商所在地不同，T_{ij} 表示原材料送达所需时间。

④Pr_{ij} 表示单位运输成本（运输时间与运输成本只与供应商位置和原料种类相关），计划周期内总的运输成本为 $\sum_i \sum_j \sum_a D_{ija} \times Pr_{ij}$。

⑤K_{ija} 表示每次订货的固定成本，包括订货费用、检验费等，计划周期内总的订货成本为 $\sum_i \sum_j \sum_a K_{ija}$。

⑥Q_{ij} 表示原材料的日均消耗量。

⑦T_{iajg} 表示计划周期内原材料占用库存的时间，$T_{ijag}=\min\{$原材料送达至全部消耗完的时间，原材料送达至计划周期结束的时间$\}$，T_{ijl}（l 表示开始的时刻）表示开始用料时间，T_{ijh}（h 表示结束的时刻）表示停止用料时间。

⑧ Cs_j 表示原材料的单位日储藏成本，每批次原材料的储藏成本为 $D_{ija} \times Cs_j \times T_{ijag} - \int_{T_{ijl}}^{T_{ijh}} Q_{ij} \times Cs_j \times tdt$（$t$ 表示生产所消耗原材料的时间，$t \leqslant D_{ija}/Q_{ij}$）。

⑨ t_{ij} 表示订货提前期。
⑩ Vs_j 表示安全库存量。
⑪ V 表示最大库存容量。
⑫ Cu 表示最大资金占用量。
⑬ Ce_j 表示缺货成本，计划周期内缺货总成本不超过 Cem，缺货次数不超过 w 次。
⑭ T 表示计划周期。
⑮ 保证生产需要的优先级为 P_1；减少库存量，降低资金占用的优先级为 P_2，且优先级 P_1 高于 P_2。

目标函数如下。

① 确定最小的订货提前期，在最小的订货提前期之前发出采购指令，保证原材料供应，满足生产需求，公式表示为：

$$\min t_{ij} = Vs_j / Q_{ij} + T_{ij}$$

② 当月采购材料成本、运输成本、订货成本、储存成本的合计总成本最低，降低采购成本的资金占用量，公式表示为：

$$\min \left[\sum_i \sum_j \sum_a D_{ija} \times P_{ij} + \sum_i \sum_j \sum_a D_{ija} \times Pr_{ij} + \sum_i \sum_j \sum_a K_{ija} \atop + \sum_i \sum_j \sum_a \left(D_{ija} \times Cs_j \times T_{ijag} - \int_{T_{ijl}}^{T_{ijh}} Q_{ij} \times Cs_j \times tdt \right) \right] \quad 公式（7-1）$$

目标约束如下。

① 计划周期内，每种原材料的订货总量不超过供应商的最大供应量，公式表示为：

$$\sum_a D_{ija} \leqslant Dm_{ij} \quad 公式（7-2）$$

② 缺货总成本不超过 Cem，公式表示为：

$$\sum_j Ce_j \leqslant Cem \quad 公式（7-3）$$

③ 每批原材料送达后的库存总量不超过最大库存容量，公式表示为：

$$\sum_i \sum_j D_{0ij} + \sum_i \sum_j \sum_a \left(+D_{ija} - \int_{T_{ijl}}^{T_{ijh}} Q_{ij} \times tdt \right) \leqslant V \quad 公式（7-4）$$

④ 本期采购成本不超过最大资金占用量，公式表示为：

$$\sum_i\sum_j\sum_a D_{ija} \times P_{ij} + \sum_i\sum_j\sum_a D_{ija} \times Pr_{ij} + \sum_i\sum_j\sum_a K_{ija}$$
$$+ \sum_i\sum_j\sum_a \left(D_{ija} \times Cs_j \times T_{ijag} - \int_{T_{ijl}}^{T_{ijh}} Q_{ij} \times Cs_j \times t\,dt \right) \leq Cu \qquad 公式（7-5）$$

7.3 库存管理优化效果评价

为将库存的持有量保持在可满足生产需求的最低水平，更好地满足生产中的原料需求，降低库存资金占用，将运营资金解放出来用于进一步的投资和发展，需要从库存管理和订货量两方面进行改善。

规范库存管理：①整理物料，规范物料名称，将所有物料信息录入信息系统；②对物料进行分类，如按材质、功能、规格、化学属性等划分，确定出大、中、小类；③合理规划仓库位置与原料摆放位置，方便进出货的搬运、识别、保存、管理；④相关责任人要将材料入库、出库、移库、检验等信息及时录入系统，做好原料的保存与管理；⑤按时进行库存盘点，以便发现原料信息录入是否准确，是否存在缺料、毁损、过高消耗等情况，发生问题要及时查明原因，不断完善管理；⑥对库存状况与库存原因进行分析，合理安排订货。

本节利用前面建立的多目标规划下的库存模型对铁矿石的库存量进行优化分析。根据以往经验，每天消耗的铁矿石约为 2 万吨，储存成本为每天 0.4 元/吨，固定订货成本为 2.5 万元/次。每月铁矿石采购成本最多不能超过 40 000 万元，安全库存量为 30 万吨，最大库存容量为 80 万吨。钢铁企业缺货会造成很高的停工损失成本，所以缺货时需从临近供应商或其他厂家临时调货，单位铁矿石成本比正常订货高出将近 100 元，每个月紧急调货次数最多为 1 次，造成的缺货成本不得超过 400 万元。根据历史数据分析，安全库存的消耗量、铁矿石到货时间均符合正态分布。安全库存的消耗量的均值 $\mu_j=66687$，标准差 $\sigma_j=25\,321$，在不同供应保障率的要求下，安全库存量水平如表 7-2 所示。

表 7-2 不同供应保障率下的安全库存量水平

供应保障率 $\varphi\left(\dfrac{Vs_j - \mu_j}{\sigma_j}\right)$	0.80	0.85	0.90	0.95	0.98	1.00
安全库存 Vs_j（吨）	88 210	92 767	99 098	108 466	118 848	144 929

为保障原材料的供应并兼顾成本，公司选用供应保障率为 95%时的安全库存量水平 10.85 万吨，即可保证缺货率不超过 5%，在此水平下，安全库存量可供使用天数约为 10.85/2=5.43 天，原来安全库存量设置水平为 30 万吨，单位安全库存量占用成本约为 570 元/吨，平均占用资金约为 1.5 亿元，可供使用天数为 30/2=15 天，安全库存量减少 30-10.85=19.15 万吨，平均占用资金减少约 1 亿元。

预计下月铁矿石使用量为 60 万吨,对构建的库存模型求解,得出当订货次数为 12 次,即每隔 2.5 天发出一次订货申请,每次订货 5 万吨时,本月采购成本最低为 33 660 万元。

铁矿石到货时间的均值 $\mu_{tij} = 20$,标准差 $\sigma_{tij} = 2$,在不同到货保障率的要求下,订货提前期与订货点如表 7-3 所示。

表 7-3 不同到货保障率下的订货提前期与订货点

到货保障率 $\varphi\left(\dfrac{t_{ij}-\mu_{tij}}{\sigma_{tij}}\right)$	0.80	0.85	0.90	0.95	0.98	1.00
订货提前期 t_{ij}(天)	21.70	22.06	22.56	23.30	24.12	26.18

为保障铁矿石按时到货,公司选用到货保障率为 98%时的提前订货时间点,即 24 天前发出订货申请,即可保证 98%的原材料于需要时准时到货。

7.4 本章小结

本章构建了实时库存管理的模型,用于对生产排产以及库存的问题进行优化。本书以 TG 集团为例,介绍了 TG 集团的现状与存在的问题,利用价值流分析 TG 集团价值流中的增值作业与非增值作业,指出了 TG 集团在库存方面存在的问题。利用构建的模型优化库存管理,通过优化采购批量与次数降低库存,减少资金占用;通过精益生产方式与精益成本管理系统地优化价值流,消除产品各项作业中的非增值作业,以及因此形成的库存浪费,并对 TG 实施基于精益成本管理的应用效果进行综合评价。研究结果表明:基于价值流的精益成本优化在 TG 集团具有可行性,能达到降低企业成本、提高企业竞争力的目的。这对其他企业进行成本管理及经营管理的持续改善提供了依据,而且对同类智能制造企业及其他企业优化成本方面具有重要的借鉴意义。

第8章 智能制造企业实时生产过程成本核算、成本控制模型与评价——以 SX 为例

本章以 TJSXKJ 股份有限公司（以下简称 SX）为例进行生产过程实时成本控制相关应用研究。

8.1 SX 公司实时成本控制案例分析

8.1.1 SX 公司简介

SX 公司始创于 1989 年，是股份制高新技术民营企业，主营业务是生产系列橡塑机械设备，公司技术力量雄厚以及数控生产设备先进，同时生产小批量多品种的机械零配件产品。

2008 年 SX 公司业务量下滑，面对严峻的市场形势，SX 公司迅速调整战略思维，积极引进 LP，改变以往的产量优势为效益优势，在艰难的市场环境中异军突起，走出了一条 LP 的成功之路。以客户需求拉动生产，将大规模的生产调整为准时化生产，促进企业价值流的流动。从 2010 年开始实施信息化项目，进行了流程梳理和优化，企业实现了能够控制、追溯和管理业务过程。

SX 于 2010 年在深圳证券交易所成功挂牌上市，不仅成为国内橡塑机械设备制造行业的龙头标杆企业，也成为全球知名的橡机供货商，并出口到美国、英国、法国、日本、南美及东南亚等十几个国家和地区。

SX 秉持着一贯的自主创新精神，围绕主营业务开展跨行业、多领域布局，将机器人、物联网、大数据等新技术与传统轮胎装备相结合，开发出了智能化轮胎制造工厂、AGV 自动物流系统、"赛象云"工业互联网平台等新的产品并已推广应用。公司始终专注于科研与技术创新，为客户创造价值、服务社会，为加快推动中国工业制造向着自动化、高效化、智能化发展贡献力量。

SX 为成套设备制造行业，企业行业特点：大型单件、小批、多品种；按客户订单要求进行设计、生产，产成品没有库存；产品结构复杂，一套设备可能会有上万甚至几万种零部件；部分大型成套设备设计周期长，为缩短交货周期一般采用边设计、边生产的方式，设计完成一部分，就开始生产；成本核算、控制难度大，难以实现动态监控等。SX 组织架构如图 8-1 所示。

第 8 章 智能制造企业实时生产过程成本核算、成本控制模型与评价——以 SX 为例

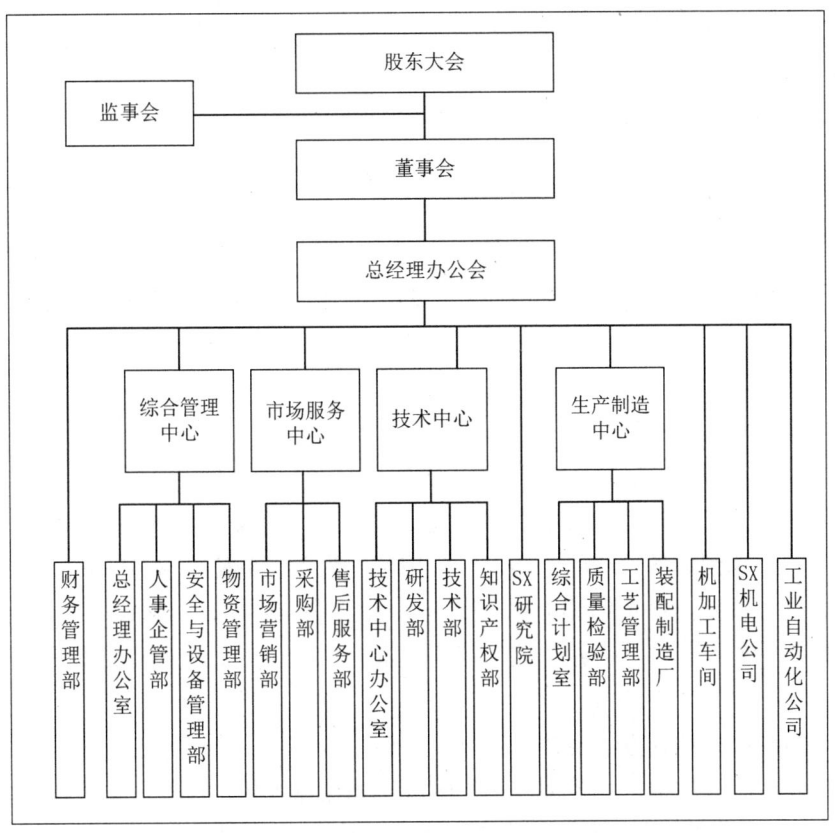

图 8-1　SX 组织架构图

8.1.2　SX 公司信息化及其成本控制现状

1. SX 信息化简介

（1）两化融合体系的建设。

按照两化融合体系建立标准，建立 SX 公司两化融合管理体系，用于规范和指导公司与两化融合相关的工作。在两化融合体系建立的过程中，实现了两化融合体系、质量管理体系、知识产权体系三标体系的融合。

（2）设计——制造一体化平台的建设。

通过 CAD 项目、PDM（PLM）项目、ERP 项目和 MES 项目的实施，完成了 "CAD-PDM-CAPP-ERP-MES" 的集成应用和整体方案的实施。总之，通过系统间关键集成技术的应用，实现了多系统的数据集成应用，采用 DNC 机床联网实时管理系统，可以实时分析和提升机床的利用率。

（3）实现产品信息化的建设。

SX 公司对所有客户实现了产品的远程诊断及数据积累。通过大数据、物联网技术，将现有产品通过联网，连接到安装有数据库的服务器。然后，通过系统将产品 PLC 中的数据按照数据的标准采集协议进行数据采集，并将采集后的结果输入数据库中。管理端可以通过前台查询界面，提取数据库中的数据，并按照一定规则进行数据逻辑的展示，

为产品质量的不断完善提供支持。

（4）实现产业链协同发展的建设需求。

通过供应商门户平台的建立，将线下的采购模式转换到线上模式，订单下达、订单执行和订单关闭全部在网上执行。将公司库存信息实时反馈给供应商，由供应商根据客户现场库存状况进行备货，提高整体采购效率。

（5）实现办公虚拟化的建设需求。

通过虚拟机技术，实现公司内部办公的虚拟化，以及办公部门系统的统一管理，为下一步云平台的搭建创造条件。

2. SX 成本控制基本状况

（1）夯实成本控制的基础。

SX 公司完善成本核算与分析指标，实施全员、全过程的成本控制。将成本控制纳入企业管理的日常工作中，使成本控制制度化，自上而下地分解成本控制目标，自下而上反馈，最后汇总到财务管理部。实行以主控部门为责任单位，财务管理部为协同，主控部门共同推进机制；成本控制以主控部门为主，财务部门为辅；强调主控部门的专业性，调动主控部门的积极性，培养主控部门的成本管控意识，营造全员成本管理控制的氛围与企业文化。

（2）多种成本控制方法结合。

在成本控制方法上，将多种方法相结合（如预算控制、标准成本控制、责任成本控制等方法），对材料、直接人工和生产费用进行控制。SX 成本控制方法如图 8-2 所示。

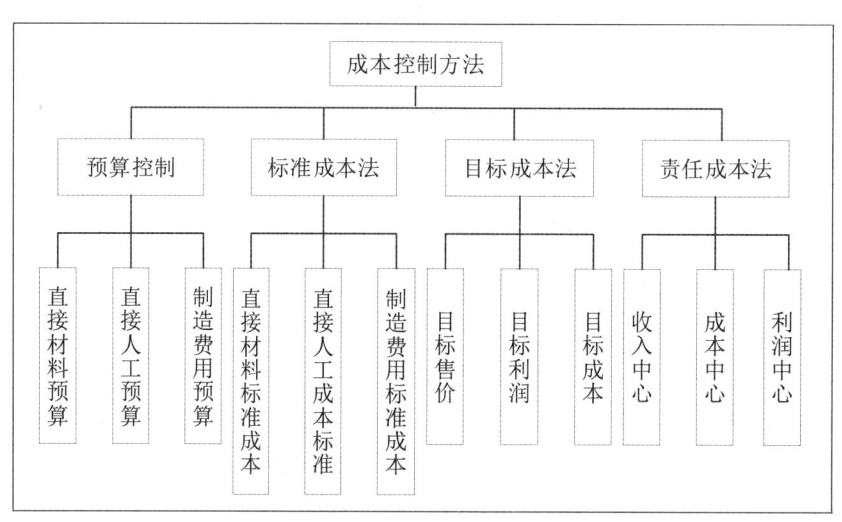

图 8-2　SX 成本控制方法

（3）成本控制组织机构。

建立 SX 公司成本控制中心、部门/车间成本控制组织、工段成本控制组织。

（4）成本过程控制。

SX 公司成本过程分为：设计过程控制、采购过程控制、生产过程控制、质量过程控制和销售过程控制等。

（5）激励机制。

公司成本控制中心根据公司预算和成本指标，划分责任成本和主控部门，建立激励标准，纳入公司绩效管理体系。主控部门执行并收集材料，每月对成本指标情况进行书面总结、激励。

3. SX 基于信息化下的成本控制系统

SX 公司成本控制依靠集成的信息化平台系统，从生产现场实时采集，获取成本相关信息，如订单项目产品类型、生产数量、原材料数量与价格、生产工时、设备状态等，进行成本核算、分析与控制。SX 公司基于 IT 环境下的成本控制系统如图 8-3 所示。

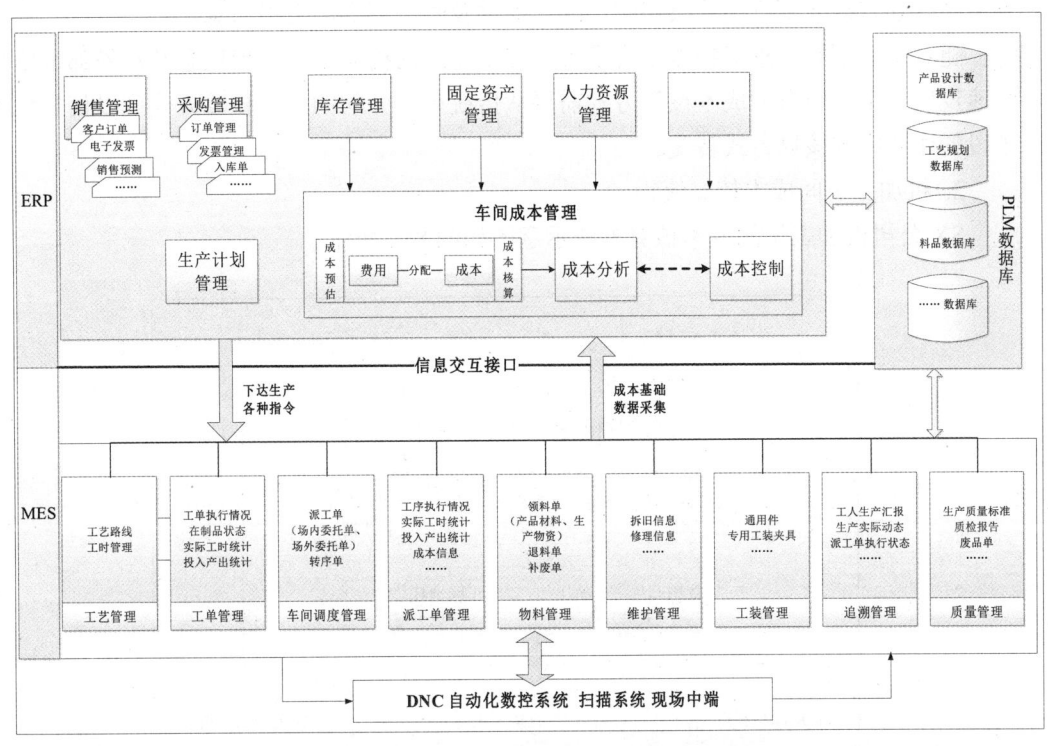

图 8-3　SX 公司基于 IT 环境下的成本控制系统

8.2　SX 机加工车间实时成本控制方案设计

8.2.1　SX 机加工车间简介

SX 机加工车间为新建厂区，拥有先进的数控机床设备和先进的生产线，距离公司本部 1 公里，车间占地 16 210 平方米。机加工车间的产品种类繁多、生产工艺复杂。生产有三种情况：一是满足本公司生产订单要求的橡塑成套设备的配件生产；二是由于车间自动化、信息化程度较高，拥有先进的数控机床等生产设备，能够承担复杂、高精度的零配件生产任务，所以接受对外订单配件生产；三是根据生产能力状况，接受外协加工零配件生产。

8.2.2　SX机加工车间成本核算与控制系统介绍

1. SX机加工车间成本核算的问题分析

①机加工车间采用传统成本法核算产品成本，期末按照人工工时作为分配标准把间接费用分摊到各个产品中，导致产品成本核算后，盈利产品与非盈利产品、增值作业与非增值作业之间的界限变得模糊，不利于企业制定未来的经营计划和战略决策。

②月末核算机加工车间的成本时，会计人员把上个月末至本月末之间的成本作为一个会计期间，这样会计处理就失去了成本信息的实时性和精准性，当机加工车间需要调整生产计划和改变生产经营策略时，缺乏提供及时、可靠的数据信息。

随着企业不断引进多种数字化设备，应用先进的精益生产管理理念及对外部市场的快速反应，车间现有的成本核算方式需要从传统单一分配的成本核算方式到以信息化为手段的作业成本核算方式转变。

2. 机加工车间成本核算流程

SX公司机加工车间成本核算方法示意图如图8-4所示。

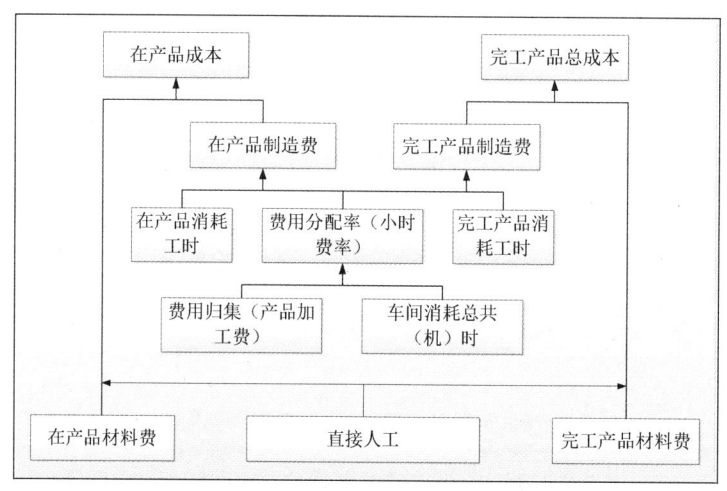

图8-4　SX公司机加工车间成本核算方法示意图

8.2.3　机加工车间实时成本控制方案设计

从前述分析可知，虽然SX完成了从"CAD-PDM-CAPP-ERP-MES"的集成应用和整体方案的实施，但是机加工车间的成本在归集和分配间接费用方面是滞后成本管理的发展的。为了解决企业车间成本核算与控制滞后的现象，本节在ABCM先进理念的指导下，根据SX机加工车间的生产的实际情况和存在的问题，设计了以下解决方案。

1. 放弃传统成本核算方法

实施ABC和成本滚加法，产品成本核算采取"谁消耗资源，谁负担成本费用"的原则，目的是区分哪些是车间生产的盈利产品和非盈利产品，区分增值作业和非增值作业，做到将产品成本费用的实时、归属和准确的划分，同时企业实现了对项目生产和作业流程的精细化管理。

2. 确定作业中心

根据订单项目产品的生产流程,确定各个作业中心和作业工序路线。将产品的每一道工序作为一个作业中心,按照各作业中心的资源动因、成本动因归集该作业的直接人工费用和涉及的间接费用,再根据作业动因核算产品应该分摊的间接费用,最后核算出产品的实际成本和单位成本。

3. 借助 LP+IT 平台实现标准作业成本的实时控制

第 1 章中已经研究了实时成本控制概念的界定,实时控制就是把成本信息及时传递到各级管理部门。各级管理部门根据传递的成本信息,实时进行生产作业决策的改进,以实时控制成本。而信息的实时传递需要现代化的信息管理系统来实现,不同层面信息的传递需要不同的管理信息系统。基于标准作业成本法的生产过程,实时成本信息传递及控制系统主要由 ERP、MES 和 DCS 三部分构成,第 4 章已经详细研究这三部分集成理论。其中,ERP 主要是企业各宏观管理部门之间信息的实时传递,如销售管理部门、财务管理部门、采购部门和库存管理部门之间信息的传递主要依靠 ERP 系统实现;MES 是生产管理控制的核心,也是连接作业单元与计划管理部门的枢纽与桥梁,也是获取实时成本信息并将之传输到 ERP 系统的关键;DCS 是基层生产过程的自动化系统,只有实现自动化的生产过程才能实现成本的实时控制。

SX 拥有先进的用友 ERP——U9、MES 应用及其生产现场自动化获取数据的 DCS 系统平台,能够进行基于作业的成本滚加法的成本卷积计算和作业成本法的计算,提高车间成本核算的速度。产品的主要成本费用的核算周期由原来的一个月缩短为现在的作业实时成本核算,同时系统可以实时生成核算报表,为车间的成本分析提供可靠的数据信息。

4. 成本核算与控制方法的选择

SX 机加工车间成本核算以 ABCM 思想为导向,以该车间的订单项目为成本核算对象,以 ERP 系统作为有效数据的主要来源,进行成本核算、差异分析和评价,进而进行成本控制。鉴于该车间生产排产有能力对生产车间资源进行动态调度,所以每月都有接受临时紧急订单的情况,这就造成了车间成本核算对象的种类多、数量大和动态性的特点。因此,本案例研究根据 SX 具体情况设计了基于作业的成本滚加法和 ABC 结合运用进行成本核算,运用 ERP/MES/DCS 对各种数据信息的采集和共享数据信息,实现了对机加工车间产品生产成本的实时核算,并通过与标准成本的差异分析,进行成本控制。在产品生产之前,进行成本模拟估算及基于价值或数量的标准成本模拟,将得出的标准成本与实际成本相比较,再进行成本控制。SX 成本核算与控制方法如图 8-5 所示。

总之,对 SX 机加工车间成本核算方法的改革是为了更加准确、实时地核算出各作业中心的成本信息。本研究利用 SX 公司已有的信息化平台系统,探索机加工车间成本核算、差异分析和评价的方法。

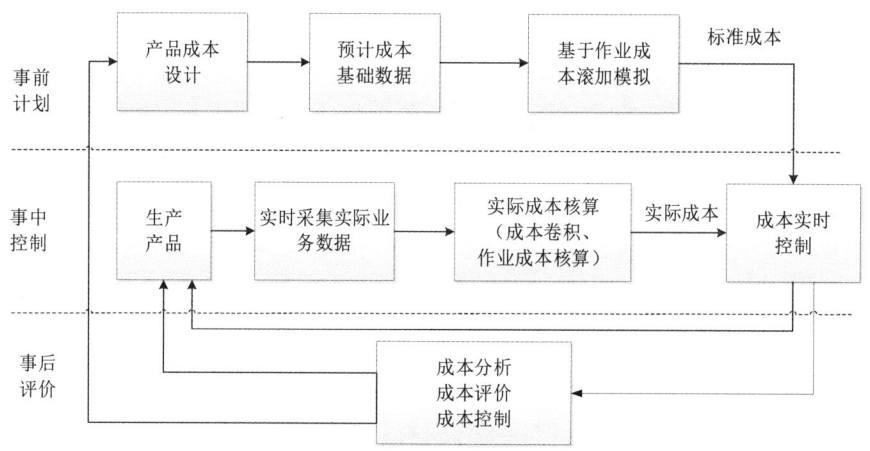

图 8-5 SX 成本核算与控制方法

8.3 SX 公司机加工车间实时成本控制应用

本节以 SX 机加工车间生产 CTHB I 型、CTHB II 型和 CTHB III 型产品为例。首先，该产品通过技术中心设计各工序（作业中心）标准成本，进行事前成本模拟，制订成本计划；其次，通过作业成本法和成本滚加法相结合的事中生产过程成本核算和成本分析，其结果与标准成本相互比较，对各作业中心进行实时成本控制；最后，以作业中心钻孔作业为例，应用数据包络方法评价钻孔作业中心的效率，为制造企业提供生产过程成本控制的依据。基于 ERP/MES/DCS 三层架构的机加工车间实时成本控制如图 8-6 所示。

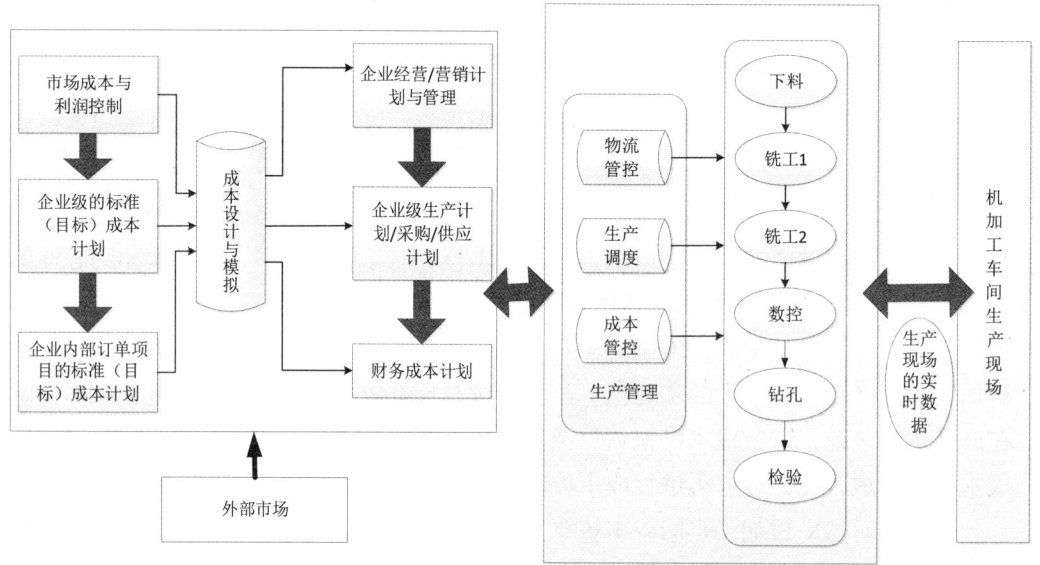

图 8-6 基于 ERP/MES/DCS 三层架构的机加工车间实时成本控制

8.3.1 机加工车间事前标准成本的制定与设计

以车间生产订单项目 CTHB I 型、CTHB II 型和 CTHB III 型产品为例（3 个型号，有 9 个订单项目），SX 公司机加工车间在生产订单产品之前，该订单生产的工艺路线及其标准成本等由财务部门、销售部门、采购部门、生产制造中心和质检部门协同技术中心，通过市场调研、历史价格、多方询价等制定出来。产品首先要由技术中心制定标准成本，进行成本模拟，帮助企业从源头上控制成本，同时制订生产计划。如图 8-7 所示，通过标准成本进行成本事前计划与控制，使企业形成具有战略性、系统性的成本控制模式。制定标准成本是企业目标管理内容之一，也是科学化管理的体现，为企业提供决策支持。

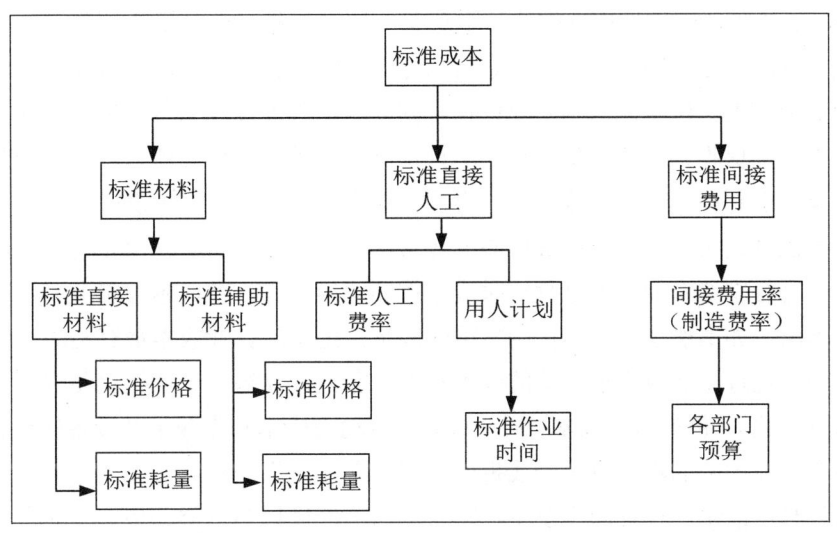

图 8-7　SX 标准成本设计结构图

8.3.2 机加工车间生产过程中实时成本的核算与差异分析

SX 机加工车间小批量、多品种的生产复杂，本节内容以研究企业生产 CTHB I 型、CTHB II 型和 CTHB III 型产品为例，其基本生产工艺流程如图 8-8 所示。对主要作业中心的划分如下：手工下料-铣工 1-铣工 2-数控加工-钻孔-后勤作业（说明：不包含阳极化外协作业）。

质量是产品的生命线，确保作业质量，每个作业中心都有严格的检查制度，实行三检查控制分为三步：作业完成后，作业人员填写自检记录；在作业人员自检的基础上，车间负责人进行抽检；质检员对每道工序都要进行检查，最后还要综合测试，以确保产品出厂的质量。

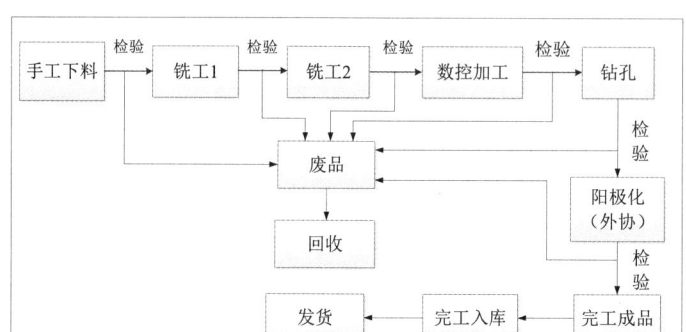

图 8-8　CTHB Ⅰ 型、CTHB Ⅱ 型和 CTHB Ⅲ 型产品工艺流程图

SX 公司在订单项目执行的过程中还有一项重要任务就是资金控制，即对该项目资金的收支状况进行全面的跟踪。资金流出方面主要包括原材料等的付款计划、付款录入及各种资金报表。资金流入则主要依据合同约定的收款计划从第一笔预付款开始，不同的阶段需要确保收到支持此阶段运作的订单款项。系统对资金流入、流出的信息进行采集后，及时编制并更新资金流量表，再同订单资金计划表执行情况进行比较。

事中控制是实时成本控制最核心的环节。本方案借助 SX 公司先进的两化融合的平台系统，进行制造企业生产过程实时成本控制应用研究，在成本控制上采用基于标准的作业成本法。如上所述，成本控制标准的确定，是实际作业成本最有利的对比依据。

首先，通过作业成本滚加法的成本卷积计算，计算每道作业的主要成本（与作业成本法保持一致），包括材料成本、质检成本、劳动力成本和作业生产设备的制造费用（指计算各个作业中心的设备或生产线折旧费用，且折旧成本较高）。大部分的成本费用的发生和累计与产品生产过程同步发生，随着产品生产过程中各类动态信息的产生，成本信息也相应随之产生。然后，针对那些不好分摊的其他间接费用，如房屋等固定资产折旧、水电费、办公费等，通过作业成本法进行作业的划分分摊处理。机加工车间作业成本核算设计图如图 8-9 所示。

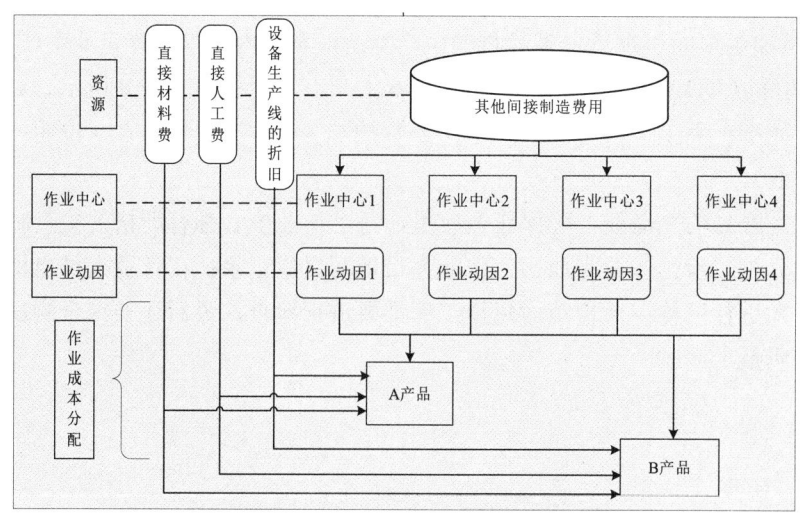

图 8-9　机加工车间作业成本核算设计图

设计方案原则：第一，保证当一项作业发生时，能够掌握生产中重要节点的主要成本费用，实时了解产品制造过程中的成本状况；第二，能够及时发现成本阈值问题，当发现时立即报警，现场管理人员及时分析原因，找出解决问题的关键所在；第三，精准核算产品成本，还原产品的本来面目，解决传统成本法的成本分摊的"黑箱"问题，更加清晰地掌握企业的产能、资源利用状况，为企业管理决策提供真实的成本信息。SX企业实际生产情况的操作步骤如下。

1. 通过作业成本滚加法实时计算主要成本

以订单生产 CTHB II 型为例，车间首先根据"工艺路线与派工单"流程进行生产制造，经过一个完整的生产周期，派工单基本内容如表 8-1 所示。该企业生产流程中的每一工序作业都要进行质检，若产品有质量问题，则及时进行处理，解决了传统企业生产过程的"黑箱"问题，把产品质量问题消灭在萌芽状态。

表 8-1 机加工车间工艺路线与派工单

生产订单：M01602010543　　　　　品名：磁铁弧板 2（CTHB II）　　　派工时间

料　　号：500106531　　　　　　　生产数量：12 件　　　　　　　　完成时间

作业代码	作业号	作业名称	作业内容流程简要说明	生产工时	准备工时	设备型号	计划完成时间	操作者	操作者自检	检验员
16020101373	010	下料	下料，t=35 铝板，周边留量	6	0.33			李密	李密	鲁南
16020101374	020	铣工1	铣 470×160×32 六面成，尖角倒钝	12	0.5	X53K		王青	王青	鲁南
16020101375	030	铣工2	数控铣床：1.铣 R308 外圆弧、2.7×94 平面；2.钻 4×M10，孔口倒角；3.铣外弧面中间 2×9×105 长孔成去尖角毛刺	48	0.5	XKA714		章华	章华	鲁南
16020101376	040	数控加工	卧式加工中心：1.铣 R286.5 内圆弧、30度两侧斜面 3×35.2×3 槽、4×9×105 长孔成，尖倒钝；2.钻 3×M8 螺孔底孔，孔口倒角	72	0.5	MAR-630H		赵腾	赵腾	鲁南
16020101377	050	钻孔	攻：4×M10；3×M8 螺孔，孔口倒角	6.3	0.25	Z3040-16		马晓	马晓	鲁南
16020101378	060	检验	其中：下料（1.2）；铣工1（2.4）；铣工2（9.6）；数控加工（12）；钻孔（2.8）；综检（4）	32				鲁南	鲁南	鲁南

灵活运用作业成本法和成本滚加法的作业原理和逻辑思路,设计成本卷积的过程如下:根据系统材料清单中最低一层的成本费用,统计上一层的成本费用;上一层的成本费用为下层成本费用加上本层的各项成本费用。SX 机加工车间设备价值较大,能够做到同作业流程同步核算设备折旧成本,使产品的主要成本费用和作业流程同步,产品的成本核算更加精确。成本卷积过程及其成本结果数据如表 8-2 所示。

表 8-2 成本卷积过程及其成本结果数据表

产品名称:CTHB II型										单位:元	
产品结构层次		单件毛坯重量(千克)	元/千克	单级数量	材料成本(元)	人工成本			制造费用(元)	下层成本汇总(元)	本层成本	卷积成本
						工时(小时)	工值(元/小时)	金额(元)				
6层	下料(A61)	6.8	25	12	2040	6.33	18	113.94			2153.94	2153.94
	质检(A62)					1.2	50	60				60
5层	铣工1(A51)					12.5	36	450	19.29	2153.94	469.29	2623.23
	质检(A52)					2.4	50	120		60	120	180
4层	铣工2(A41)					48.5	42	2037	220.94	2623.23	2257.94	4881.175
	质检(A42)					9.6	50	480		180	480	660
3层	数控加工(A31)					72.5	120	8700	1302.66	4881.17	10002.7	14883.83
	质检(A32)					12	50	600		660	600	1260
2层	钻孔(A21)					6.55	30	196.5	3.44	14883.8	199.943	15083.78
	质检(A22)					2.8	50	140		1260	140	1400
1层	检验(A11)					4	50	200		1400	200	1600
0层	A				2040	178.38		13097	1546.34			16683.78

2. 应用 ABCM 进行成本核算与控制

(1) 资源分类、作业中心。

通过深入 SX 机加工车间调研的实际情况,根据第 5.1.1 节阐述的 ABCM 基本原理,以及成本控制的责权利相结合原则和成本效益原则,把生产 CTHB I型、CTHB II型和 CTHB III型订单产品等流程作业(相同的生产作业流程的 3 个型号订单产品)进行适当合并,确定了 7 个作业中心,同时对各类资源类型进行了归纳整理。资源类型及动因分析如表 8-3 所示,确定资源动因数及资源动因分配率如表 8-4 所示。

表 8-3 资源类型及动因分析表

资源类型		资源名称	资源动因
多作业共享资源	各作业不独立核算	工资及福利	工时消耗比例
		设备维护	实际发生额占总生产设备的比例
		车间修理费	实际发生额占总生产设备的比例
		物料消耗	实际发生额占总生产设备的比例
		工具费	实际发生额占总生产设备的比例
		房屋及其公共设备折旧费	工时消耗比例
		电费	工时消耗比例
		水费	工时消耗比例
	作业间可独立核算	手工下料专用工具费	实际发生额
		检验仪器费	实际发生额
作业专属资源		办公费	实际发生额
		劳务费	实际发生额
		其他-物业	实际发生额

表 8-4 确定资源动因数及资源动因分配率

资源名称	产品消耗金额（元）	资源动因	作业中心
工资及福利	4355.68	工时消耗比例	下料、铣工1、铣工2、数控加工、钻孔、终检
设备维护	1914.68	实际发生额占总生产设备的比例	铣工1、铣工2、数控加工、钻孔
车间修理费	1564.18	实际发生额占总生产设备的比例	铣工1、铣工2、数控加工、钻孔
物料消耗	4214.01	实际发生额占总生产设备的比例	铣工1、铣工2、数控加工、钻孔
工具费	6389.63	实际发生额占总生产设备的比例	下料、铣工1、铣工2、数控加工、钻孔、终检
房屋及公共设备折旧费	1020.86	工时消耗比例	铣工1、铣工2、数控加工、钻孔
电费	11703.51	工时消耗比例	下料、铣工1、铣工2、数控加工、钻孔、终检
水费	1887.85	工时消耗比例	下料、铣工1、铣工2、数控加工、钻孔、终检
下料专用工具费	544.46	实际发生额	下料中心
检验费	653.35	实际发生额	终检中心
办公费	467.79	实际发生额	辅助中心
劳务费	185.12	实际发生额	辅助中心
其他-物业	1414.01	实际发生额	辅助中心
合计	36315.13		

(2) 基于 ABC 的作业成本核算。

本案例中的 SX 企业是离散型制造企业，生产订单以小品种、多批量为主，生产计划和安排主要是以"订单+项目"模式进行的，作业动因的分配不同于流程制造业。另外，该车间已经制定了标准工时，能够实时采集生产工时数，所以具体企业具体分析。本案例通过各作业动因分摊作业中心的费用（设备折旧已经在由作业成本滚加法随着生产作业计提完毕）。本月生产 CTHB I 型、CTHB II 型和 CTHB III 型 3 个型号（生产工序和生产作业流程相同），共计 9 个订单产品，如表 8-5 和表 8-6 所示。同时，对 9 个订单产品进行了成本核算及成本差异分析，其结果如表 8-7 所示。

(3) 成本差异分析。

以 CTHB II 型产品生产为例，如表 8-8 所示（费用的差异分析同人工成本差异分析，略）。实时核算的结果同企业制定的各作业的标准成本进行材料成本、人工成本及其费用的比较，及时找出产生差异的原因，并对生产过程加以实时成本控制。通过期末计算的产品全部成本与预先制定的标准成本进行差异比较分析，实时进行成本管理与控制。

表 8-5　作业动因、作业动因数量及作业动因分配率

作业中心	作业成本金额（元）	作业动因	作业动因数量						合计	作业动因分配率
			CTHB I型	CTHB II型	CTHB III型	CTHB I型	CTHB II型	CTHB III型		
下料中心	1241.26	工时	5.02	7.53	9.64	10.04	10.04	12.85	78.55	15.802203
铣工 1 中心	2259.42	工时	9.93	14.90	19.07	19.87	19.87	25.43	155.41	14.538426
铣工 2 中心	7944.21	工时	38.73	58.10	74.27	77.47	77.47	99.03	605.81	13.113375
数控加工	18223.79	工时	56.33	84.50	108.67	112.67	112.67	144.89	882.61	20.64761
钻孔中心	1083.58	工时	6.15	9.35	12.16	12.56	12.60	16.67	97.92	11.066357
检验中心	3495.97	钻孔数	48.00	84.00	120.00	64.00	140.00	200.00	1008	3.4682204
辅助中心	2066.92	总工时	116.16	174.38	223.81	232.61	232.64	298.87	1820.30	1.1354852

表 8-6　将作业中心的成本分配至订单项目

作业中心	作业动因分配率	CTHB I消耗作业成本（元）	CTHB II消耗作业成本（元）	CTHB III消耗作业成本（元）	CTHB I消耗作业成本（元）	CTHB II消耗作业成本（元）	CTHB III消耗作业成本（元）	合计（元）
下料中心	15.80220276	79.33	118.99	152.33	158.65	158.65	203.11	1241.26
铣工 1 中心	14.53842649	144.37	216.62	277.25	288.88	288.83	369.66	2259.42
铣工 2 中心	13.11337486	507.88	761.89	973.93	1015.89	1015.85	1298.57	7944.21
数控加工	20.64760998	1163.08	1744.72	2243.78	2326.37	2326.30	2991.70	18223.79
钻孔中心	11.06635712	68.06	103.47	134.57	138.99	139.44	184.47	1083.58
检验中心	3.468220364	166.47	291.33	416.19	221.97	485.55	693.64	3495.97
辅助中心	1.135485167	131.90	198.01	254.13	264.13	264.16	339.36	2066.92
合计		2261.09	3435.03	4452.17	4414.88	4678.78	6080.52	36315.15

产品名称：CTHBII型

表 8-7 成本卷积过程及其成本核算与差异（结果）数据表

单位：元

产品结构层次		单件毛坯重量（千克）	价格（元/千克）		单级数量（只）	材料成本			人工成本					制造费用	下层成本汇总	本层成本	卷积成本	卷积成本每层合计
			标准	实际		标准	实际	差异	标准工时（小时）	工时（小时）	工值（元/小时）	实际金额	标准成本	差异					
6层	下料（A61）	6.8	24	25	12	1958	2040	81.6	6.2	6.33	18	113.94	111.6	2.34			2153.9	2153.94	2213.94
	质检（A62）								1.2	1.2	50	60	60	0		2153.94	60	60	
5层	铣工1（A51）								12.6	12.5	36	450	453.6	-3.6	19.29		469.29	2623.23	589.29
	质检（A52）								2.5	2.4	50	120	125	-5		2623.23	120	180	
4层	铣工2（A41）								48	48.5	42	2037	2016	21	220.94	180	2257.9	4881.17	2737.94
	质检（A42）								10	9.6	50	480	500	-20		4881.17	480	660	
3层	数控（A31）								73	72.5	120	8700	8760	-60	1302.7	660	10003	14883.8	10602.66
	质检（A32）								12	12	50	600	600	0		14883.8	600	1260	
2层	钻孔（A21）								6.5	6.55	30	196.5	195	1.5	3.4425	1260	199.94	15083.8	339.94
	质检（A22）								3	2.8	50	140	150	-10		15083.8	140	1400	
1层	检验（A11）								4	4	50	200	200	0		1400	200	1600	200.00
0层	A																	16683.8	16683.78

表 8-8　CTHBⅡ型产品总成本　　　　　　　　　　　　单位：元

产品结构层次		材料成本	劳动力成本+质检成本	直接制造成本（设备折旧）	分摊费用	合计
1层	下料	2040.00	173.94		118.99	2332.93
2层	铣工1		570.00	19.29	216.62	805.91
3层	铣工2		2517.00	220.94	761.89	3499.83
4层	数控加工		9300.00	1302.66	1744.72	12347.38
5层	钻孔		336.50	3.44	103.47	443.41
6层	检验		200.00		291.33	491.33
7层	辅助				198.01	198.01
合计		2040.00	13097.44	1546.34	3435.03	20118.80
生产数量：12件			单位成本：1676.57			

8.3.3　机加工车间基于 DEA 作业成本效率评价

应用数据包络分析法对生产过程、实时成本与标准成本进行评价，对存在的差异进行分析，找出发生差异的问题所在，并对其适用性进行研究，关注实时成本的持续改善，如图 8-10 所示。应用 DEA-CCR 模型各作业中心投入产出的效率进行评价，如图 8-11 所示。

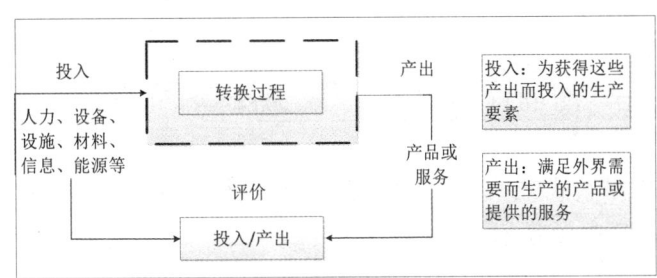

图 8-10　SX 成本控制评价

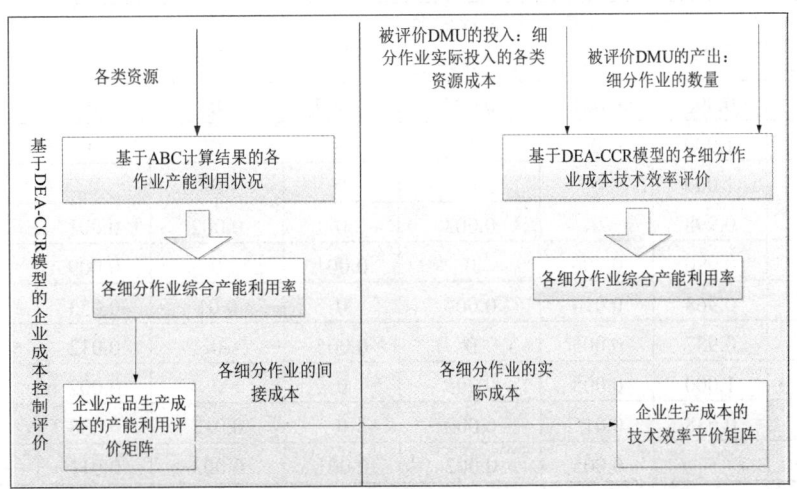

图 8-11　基于 ABCM 的 DEA-CCR 模型的成本控制评价模型

本书运用 DEA-CCR 模型（以规模报酬可变为前提条件，与本案例中的实际状况相符合）将实时成本控制前后的投入、产出数据进行评价，分析实时成本控制的有效性，从而进行事后成本管理与控制，为提高企业生产效率和质量提供参考依据。

本案例研究基于 SX 机加工车间某年 5 月生产制造的 CTHB I 型、CTHB II 型和 CTHB III 型产品共计 9 个订单项目的钻孔作业为例，根据成本可控性原则，对该作业消耗的可控资源进行整合。设计投入指标为：工资及福利（元）、设备维护和设备修理费（元）、物料消耗（元）、工具费（元）、水电费（元）、检验费（元）6 项资源费用，产出指标为每个订单的钻孔数目（每个订单型号的孔数不同，但是钻孔的大小、形状相同）。钻孔作业某年 5 月的数据如表 8-9 所示。

表 8-9　钻孔作业某年 5 月各订单投入产出数值表

DMU编号	工资及福利	设备维护和修理费	物料消耗	工具费	水电费	检验费	产出
DMU1	7.62	3.64	4.41	6.68	23.78	4.08	48
DMU2	13.31	6.35	7.69	11.67	41.54	4.76	84
DMU3	19.02	9.08	11.00	16.67	59.36	5.43	120
DMU4	10.16	4.85	5.87	8.91	31.71	5.43	64
DMU5	17.94	8.56	10.37	15.72	55.98	6.41	112
DMU6	26.21	12.51	15.15	22.97	81.79	7.49	160
DMU7	12.85	6.13	7.43	11.26	40.10	6.87	80
DMU8	22.19	10.59	12.82	19.45	69.24	7.93	140
DMU9	33.82	16.14	19.55	29.64	105.54	9.66	200

根据第 5.3.2 节公式（5-10），利用优化软件进行计算，计算出的 DEA 有效性及输入松弛变量值如表 8-10 所示。

表 8-10　DEA 有效性及输入松弛变量值

DMU编号	θ	工资及福利	设备维护和车间修理费	物料消耗	工具费	水电费	检验费
DMU1	0.998	0.001	0.004	0.007	0	0	1.487
DMU2	1.000	0	0	0	0	0	0
DMU3	1.000	0	0	0	0	0	0
DMU4	0.998	0	0.003	0	0.002	0.001	1.793
DMU5	0.990	0.006	0	0.001	0	0.009	0.907
DMU6	0.968	0.014	0.004	0	0.01	0.033	0
DMU7	0.987	0.005	0	0.005	0	0.012	2.695
DMU8	1.000	0.005	0.005	0	0	0.002	0.296
DMU9	0.938	0.015	0.002	0	0.012	0.038	0
Mean		0.005	0.002	0.001	0.003	0.011	0.798

评价结果表明，DMU2、DMU3、DMU8 3 个决策单元达到 DEA 有效，其中 DMU8 为 DEA 有效，说明这 3 个订单项目的成本投入相对有效。而其他 6 个决策单元是非 DEA 有效的，其作业成本投入既没有达到技术有效，也没有达到规模有效。

从表 8-10 可以看出，各输入变量的松弛变量均为正值，说明非 DEA 有效是由各项作业成本投入过多引起的。9 个作业订单的 6 个作业成本（工资及福利、设备维护和车间修理费、物料消耗、工具费、水电费、检验费）的平均降低幅度分别为：0.049、0.023、0.027、0.042、0.149、0.144、0.049，与平均投入成本相比较，其松弛变量的平均相对百分比分别为：0.027%、0.023%、0.010%、0.019%、0.019%、12.37%，可见机加工车间作业成本平均降低 0.02%左右即可达到 DEA 有效。相对来说，检验费的松弛变量值较大，管理人员应该认真研究，可以降低机加工车间的检验费，以提高到作业成本投入的效率。

8.3.4 研究结论

本节研究了 SX 机加工车间的生产工艺和生产流程相同的 9 个订单项目：产品分别为 CTHB I 型、CTHB II 型和 CTHB III 型，通过作业成本法进行了实时的成本核算、成本差异分析及以钻孔作业为例的 DEA 效率评价。研究结论：①通过作业成本法和基于作业的成本滚加法在进行生产过程成本实时成本核算、费用分摊和差异分析上，能够及时掌握生产过程中各个作业中心主要的成本费用，及其在流程中成本费用的累加情况，对于不好分摊的费用可以在期末进行分摊，使成本的核算更加精确，便于进行成本控制；②每个作业中心的成本费用核算的结果与标准成本相互比较，能够及时掌握各作业中心成本目标计划的完成程度，进行实时成本控制；③对于制造企业，尤其是调度企业经常有临时订单、一次性特殊订单、零件自制、外购或者产品组合决策等业务，使得 ABCM 的优势就凸显出来了，首先可以利用作业成本核算模型分析其相关作业活动，进行成本模拟，判定相关成本，然后做进一步的分析及经营决策；④以钻孔作业中心为例，应用数据包络法评价作业中心的效率，通过对各个作业中心的投入产出效率进行评价，从而分析各个作业节约或超标成本和费用的情况，便于管理者对于发生的成本费用进行研究分析，查找每一项成本费用的原因和问题，为企业提供生产过程成本控制提供依据。

8.4 本章小结

本章以 SX 机加工车间作为研究对象，依据本书前面的研究结果，通过研究订单项目 CTHB I 型、CTHB II 型和 CTHB III 型订单项目，研究了 SX 公司在技术设计部门进行标准成本的制定规则，并进行成本模拟，进行产品事前控制；根据信息化平台在生产现场采集的相关数据，结合 ABCM 和作业成本滚加法进行成本分摊与核算，并通过与标准成本的比较分析，实现了企业实时成本控制的事中控制；在此基础上，对此订单项目基于 DEA 评价模型，对基于标准成本法的 ABCM 生产作业效率进行评价，实现了成本控制的事后控制。研究启示，制造企业生产过程实时成本控制模型有一定的适用条件，ABCM 是管理会计的重要工具，对企业的生产和经营决策起着重要作用。总体来说，本书研究的模型适合大中型制造企业进行实时成本管理与控制，具有实时、精准和有效的特点和优点。

第9章　总结与展望

9.1　研究结论

本书通过对智能制造企业生产经营过程实时成本的内涵和成本控制的现状及其存在的成本"黑箱"问题的研究，对制造企业两化融合对成本管控影响因素实证分析，以及对制造业上市公司实证研究应用 ABCM 进行成本控制的可行性和价值等，探讨了基于 LP+IT+ABCM 集成的制造企业生产过程实时成本控制的机理和路径，设计了基于信息化平台的实时成本控制模型框架和数学模型，并通过公司案例验证了模型和方法的有效性，得到了以下主要研究结论。

第一，我国大部分制造企业成本核算仍采用传统成本法进行核算，成本控制只是简单地同历史成本或定额成本进行比较分析，很少从实时成本控制的角度去分析，因此，存在生产过程和成本分摊"黑箱"问题。

第二，LP 和 ABCM 追求的"消除浪费，增加客户价值"理念相同。LP 通过对企业组织结构和业务流程进行重新设计和再造；ABCM 作为成本控制的主要方法，把成本管理重心深入到作业层次，尽可能消除不增加的作业，优化作业链和价值链。"顾客价值和满意度"是流程再造的出发点和归宿，两者集成融合达到了异曲同工的目的。

第三，LP 和 IT 的融合。IT 相对刚性，强调规则，企业信息化通过信息技术对企业资源进行管理，我国部分企业实施企业信息化失败的原因就是只考虑软件系统上线，没有考虑对流程和各类资源进行改善和梳理；LP 相对柔性，强调实施改善和流程梳理，提出了消除浪费、降低成本是企业生产管理决策的思想路线和方法论。可见，将精益生产和信息化有机融合，促使两套管理方法同时为企业服务，从而提高企业实施 LP 和 IT 的成功率，并为企业实时成本控制提供基础数据采集的条件。

第四，IT 与 ABCM 的融合。实施 ABCM 可以避免成本信息失真的现象，但 ABCM 的实施需要大量的数据支持和细致的数据管理；IT 理念是供应链管理，信息在供应链每个节点上流动，实现对企业资源配置的优化，这些都为实施 ABCM 提供了良好的基础。借助 IT 平台系统进行成本核算和管理，可对成本费用进行追溯，进而改善企业的成本管理和加强成本控制，共同提高企业的经济效益。

第五，构建基于 LP+IT+ABCM 集成融合的三层框架的生产过程实时成本控制框架模型。通过 ERP/SAP、MES、DCS/PLC 的三层框架软件系统的配套使用，能够实现横向、纵向间信息的相互传递，横向传递信息指的是通过三层框架实现各层之间成本信息的及时传递，而纵向传递体现在成本控制的事前、事中和事后成本信息的传递与控制。总之，制造企业将现代管理技术、先进的成本控制方法、信息技术集成融合，全面提升制造企业生产经营管理的各个环节的效率，降低生产中不创造价值的消耗，提高产品质量和生产效率，实现企业经营管理模式的创新及企业各部门协同关系的创新，从而带动企业成本管理与控制方式的创新。

第六，根据智能制造企业实时成本控制机理和框架模型，构建了数学模型进行生产经营过程实时成本核算、分析与评价，并对 TG、TJGG 和 SX 企业中实施的有效性进行了验证。随着我国财务制度与国际惯例的逐步接轨，新的财务准则的不断出台，以及企业科学管理意识的增强，管理会计在"事前计划、事中控制、事后反馈"有着越来越广阔的应用前景。

9.2 研究展望

制造业生产过程复杂，多品种、小批量，甚至是单件成套设备的生产订单日益增加，使得实时成本控制的重要性凸显出来。本书重点研究了生产经营过程中的实时成本控制模型与评价，旨在为研究智能制造企业成本控制有所借鉴，随着时间、环境的变迁，未来还需要继续研究解决下面问题。

第一，本书对成本控制的研究侧重于生产经营过程中实时成本控制，根据成本控制的全面性原则，未来的研究方向需要从市场、研发、采购、生产、销售和服务全价值链上的企业价值创造活动着手，这是进行成本控制的主要路径，既包括上游的研发阶段的成本控制，也包括下游产品服务阶段的成本控制。

第二，本书重点基于 LP+IT+ABCM 集成融合的视角，进行成本实时控制的研究，通过对企业进行现场研究、问卷调研和文献梳理，发现将该集成融合较理想的企业相对较少。研究发现 LP+IT+ABCM 集成融合受到了来自组织、生产能力和资金等的约束，基于成本效益原则，对于不同类型和规模的制造企业，其融合的适度性也是未来的研究重点。

第三，管理大师德鲁克曾经说过，"我们生活在一个转型期，变革空前而彻底"。未来研究制造企业在"人工智能+商业模式"下的成本管理与控制，将是全新的研究方向。首先，"人工智能+商业模式"对制造业成本管理与控制提出新的挑战，在智能化时代，在供给侧结构改革时代，智能制造企业的互联网思维、利用战略资源降低成本、价值链降低成本、价格机制等都发生了变化；其次，现在的管理学理论，仍然沿用 20 世纪的基本假设，单纯降低成本进行成本管理与控制这种传统的思维会使企业陷入发展困境，在大数据、物联网时代，社会环境在变化，制造企业未来战略的制定、基本假设、成本控制的方法和路径，都会面临新的契机和挑战，成本控制理论同时需要发展和创新；再次，研究制造企业成本控制，既要研究实现企业自身的价值，还要研究如何为顾客创造价值。因此，未来成本控制、基于人工智能+时代的商业模式、思维模式、理论创新与发展、价值创造等，将成为新的研究方向。

附 录

智能制造企业"两化融合"及其对"成本管控"影响的现状调查问卷

尊敬的女士/先生：

您好！首先感谢您在百忙之中对本研究项目的大力支持，并拨冗本问卷的调查！

为了更好地了解制造企业"两化融合（IT信息化和工业生产自动化）及其与成本管控"的对接情况，实现动态实时成本管理与控制，为企业战略提供成本、产品定价等实时信息，帮助企业制定管理决策和实施战略计划提供参考依据，我们科学地制定了本问卷。

请您把贵公司的基本情况和您的想法，根据题目要求填写，答案没有对错。问卷中关于贵公司的信息不会用于任何商业用途，并承诺未经贵公司的许可不会提供给第三方。

敬祝您：身体健康，万事顺意！

一、企业基本情况调查

1. 企业名称、企业地址和成立时间及其联系人：
2. 企业类型：
   A. 国有或国有控股企业　　B. 民营企业　　　　C. 集体企业
   D. 三资企业　　　　　　　E. 其他企业
3. 企业目前的组织结构：
   A. 直线制　B. 职能制　C. 直线职能制　D. 矩阵制　E. 事业部制
4. 企业人员数：
   A. 2000人及以上　　B. 300~2000人以下　　C. 300人以下
5. 资产总额：
   A. 40000万元及以上　B. 4000万~40000万元以下　C. 4000万元以下
6. 销售额：
   A. 30000万元及以上　B. 3000万~30000万元以下　C. 3000万元以下

二、"两化融合"集成应用与成本管控对接现状的影响评价

影响我国智能制造企业"两化"与"成本管控"对接的影响因素有很多，请根据您的实践经验，对贵公司"两化"能促进"成本管控"提升的因素进行分析。问卷中数字5~1表示重要的程度：5表示完全重要（或满意），4比较重要，3一般重要，2不重要，1完全不重要。

（一）贵公司两化融合的重要影响因素

	完全重要				完全不重要
Q1. "两化"战略及其执行情况	5	4	3	2	1
Q2. 企业高层的信息化意识	5	4	3	2	1
Q3. 员工的信息化意识和技能	5	4	3	2	1
Q4. 信息化从业人员占企业员工总数的比例	5	4	3	2	1
Q5. 企业员工参与信息化培训的积极性	5	4	3	2	1
Q6. 信息资源的数量	5	4	3	2	1
Q7. 信息资源的利用情况	5	4	3	2	1
Q8. 数据库的数量	5	4	3	2	1
Q9. 计算机覆盖率	5	4	3	2	1
Q10. 研发经费投入情况	5	4	3	2	1
Q11. 企业 ERP（管理信息系统）建设情况	5	4	3	2	1
Q12. 企业 MES（计算机集成制造执行系统）建设情况	5	4	3	2	1
Q13. 企业 DCS/PLC（生产过程自动化控制系统）建设情况	5	4	3	2	1
Q14. 企业办公 OA 各功能的应用情况	5	4	3	2	1
Q15. 良好的政策环境	5	4	3	2	1
Q16. 政府资金引导	5	4	3	2	1

（二）贵公司"两化"集成与"成本管控"对接能力

	完全重要				完全不重要
Q17. 组织机构的调整	5	4	3	2	1
Q18. 企业全过程管理水平	5	4	3	2	1
Q19. 企业员工全员参与程度	5	4	3	2	1
Q20. ERP/MES/DCS 系统的集成能力	5	4	3	2	1
Q21. IE 或 LP 业务流程优化	5	4	3	2	1
Q22. 多部门协同设计实施方案	5	4	3	2	1
Q23. 有关咨询公司的协助	5	4	3	2	1
Q24. 软件品牌的重要性	5	4	3	2	1
Q25. 企业资金的状况	5	4	3	2	1
Q26. 成本管理会计人员占企业员工总数的比例状况	5	4	3	2	1
Q27. 成本核算系统的建设	5	4	3	2	1
Q28. 成本基础管理水平	5	4	3	2	1
Q29. 成本核算与控制方法的选择	5	4	3	2	1
Q30. 作业成本法/管理（ABCM）的使用	5	4	3	2	1

(三)贵公司"两化"集成及其与成本管控对接效果评价

	完全满意				完全不满意
Q31. 工单按质量标准完成提高	5	4	3	2	1
Q32. 工单按时完成提高	5	4	3	2	1
Q33. 设备利用率提高	5	4	3	2	1
Q34. 实际产量更接近于预期产量	5	4	3	2	1
Q35. 有效增强敏捷制造能力	5	4	3	2	1
Q36. 营销和运送时间减少	5	4	3	2	1
Q37. 生产报废数量减少	5	4	3	2	1
Q38. 有助于资源分配	5	4	3	2	1
Q39. 有助于安全生产	5	4	3	2	1
Q40. 成本管控水平显著提高	5	4	3	2	1
Q41. 有助于动态实时成本控制	5	4	3	2	1
Q42. 产品成本核算扭曲减少	5	4	3	2	1
Q43. 有助于绩效衡量	5	4	3	2	1
Q44. 有助于企业投融资决策	5	4	3	2	1
Q45. 有助于产品定价	5	4	3	2	1
Q46. 有助于成本利润分析从而制定企业战略	5	4	3	2	1

三、贵公司目前"两化"与"成本管控"对接的状况

1. 贵公司实施"两化"与"成本管控"对接情况。

　　□起步阶段　　□局部应用　　□综合应用　　□深度融合

2. 请问贵公司"两化"与"成本管控",主要是集成了哪些系统?可多选(也可填写上贵公司目前的其他系统)。

　　□ERP/SAP　　□MES　　□DCS/PLC　　□OA

3. 贵公司生产线的柔性问题。

　　□企业实行多品种小批量生产,可按需要随时进行改变

　　□企业批量生产较大,调整时间较长

　　□企业实行大批量生产,不需要调整

4. 请问贵公司目前主要应用哪种管理软件?

　　□用友软件　　□金蝶软件　　□优伴软件　　□浪潮软件　　□神州数码

　　□SAP　　□ORCALE　　□JDE　　□FOURTH SHIFT　　□其他

5. 请问贵公司成本管理中利用了哪种管理会计工具?可多选。

　　□作业成本法　□目标成本法　□标准成本法　□经营预算　□资本预算　□平衡计分法　□KPI 业绩评价　□生命周期成本　□持续改善成本　□环境会计　□价值链分析　□转移定价　□责任会计　□质量成本　□薪酬计划　□本、量、利分析

6. 您对提高制造企业"生产成本实时动态控制"的建议：管理层的重视，全员参与意识的提高。

_____

_____

最后，再一次真诚地感谢您的合作与帮助！